書籍出版鳴謝

本書的出版為澳門學者同盟 2023 年度的出版項目。

本書出版獲得澳門基金會資助出版費。

澳門學者同盟（Union of Macau Scholars）是由本澳從事學術研究、專業研究及理論研究的專家學者組成的，具有法人資格的非牟利性專業社團，長期致力於推動本澳學者出版與澳門相關的學術著作。本書的出版便是由澳門學者同盟向澳門基金會申請獲批出版資助。

澳門特別行政區重大傳染病事件行政應急權制度研究

周挺 邱奕霖 —— 著

港澳制度
研究叢書

A Study on the Administrative Emergency Power System for Major Epidemic Outbreaks in Macao SAR

研究過程鳴謝

本研究項目獲得澳門特別行政區政府教育基金支持（項目編號：
HSS-MUST-2020-03）。

總　序

鄒平學 [*]

　　自國家誕生後，人類社會產生了多少政治的、法律的、經濟的、社會的各種「制度」，可能是一個誰也無法回答的問題。「制度」研究也一直是法學、政治學、經濟學、管理學以及社會學等學科共有的現象。「制度」是什麼？制度就是體系化的規則、規矩。中國人常說，沒有規矩就不成方圓。所有的人、人所組成的各種組織乃至國家、社會，都離不開各種制度。所以，制度很重要，制度研究也很重要。

　　港澳回歸已有 20 多年之久，「一國兩制」實踐和基本法實施開始進入「五十年不變」的中期階段，可謂進入「深水區」。特別是 2019 年以來，中央出手先後制定《香港國安法》、完善香港選舉制度之際，三聯書店（香港）有限公司決定推出一套「港澳制度研究叢書」，可謂恰逢其時，遠見卓識，意義重大。這是出版界第一套專門冠名「港澳制度研究」的叢書，從他們組織策劃叢書的初心與選題設想看，我不禁為香港三聯書店匠心獨具、籌劃周詳而擊節讚嘆。我認為，這套書將努力達成三個「小目標」，或者說將具有三個方面的亮點或特點。

　　第一，抓住港澳研究的根本。港澳回歸以來，港澳研究熱點迭出，成為顯學。從坊間的各種論著看，港澳制度研究最為熱門。鄧小平曾指出：「一九九七年我們恢復行使主權之後怎麼樣管理香港，

* 　法學博士，深圳大學法學院教授，博士生導師，兼任全國人大常委會港澳基本法委員會基本法理論研究基地深圳大學港澳基本法研究中心主任，教育部國別與區域研究基地深圳大學港澳與國際問題研究中心主任，國務院發展研究中心港澳研究所學術委員會委員兼高級研究員，全國港澳研究會理事，廣東省法學會港澳基本法研究會會長。

也就是在香港實行什麼樣的制度的問題。」[1] 可見，在港澳實行什麼樣的制度，是實踐「一國兩制」、依法管治港澳的根本。習近平總書記指出：「作為直轄於中央政府的一個特別行政區，香港從回歸之日起，重新納入國家治理體系。中央政府依照憲法和香港特別行政區基本法對香港實行管治，與之相應的特別行政區制度和體制得以確立。」[2] 港澳制度實質是港澳被納入國家治理體系後形成和發展的、具有中國智慧和中國風格的「一國兩制」政策的制度呈現。港澳回歸後的實踐表明，在港澳實行的「一國兩制」制度體系，不僅是解決歷史遺留下來的港澳問題的最佳方案，也是港澳回歸祖國後保持長期繁榮穩定的最佳制度安排。「港澳制度研究叢書」的推出，顯然敏銳抓住了「一國兩制」制度體系這個港澳研究的根本。

　　第二，拓展港澳制度研究的問題論域。坊間以往印行的港澳研究論著，以政法制度研究居多。這說明，港澳政法制度研究是港澳制度研究較為重視的論域。究其原因，是因為「一國兩制」的制度體系是我國國家治理體系的重要組成部分，這一體系是政策、法律和制度的有機構成。政法制度是港澳制度較為根本、活躍和基礎的部分。鄧小平告訴我們，「一國兩制」能不能夠真正成功，要體現在香港特別行政區基本法裏面。根據憲法制定的港澳基本法先後為我國兩個特別行政區設計了一套嶄新的制度和體制，這就是港澳特別行政區制度或者簡稱港澳制度。港澳制度實質就是「一國兩制」政策的法律化、制度化，是根據憲法制定港澳基本法、建構「一國兩制」制度體系來完成的。所以，在港澳政法制度研究的論著裏，較多地是圍繞根據憲法和基本法管治港澳的理論和實踐來展開。數年前，三聯書店（香港）有限公司精心打造推出的、由王振民教授主編的「憲法與基本法研究

1　鄧小平：《鄧小平文選》（第三卷），北京：人民出版社 1993 年版，第 85 頁。

2　〈習近平在慶祝香港回歸祖國 20 周年大會暨香港特別行政區第五屆政府就職典禮上的講話〉，新華社 2017 年 7 月 1 日電。

叢書」即是這方面的積極成果。在當下港澳制度進入重要創新發展階段，「港澳制度研究叢書」的問世，不僅將繼續關注「一國兩制」、憲法和基本法在港澳的實施等問題的宏觀討論，還較大範圍拓展了問題論域，將突出從中觀、微觀角度，去探索港澳制度具體實際運作層面的體制機制層面，深入挖掘港澳研究的中觀、微觀研究板塊，推出更多高質量的、以往被宏觀的「一國兩制」論述所遮蔽的更細緻、更具體的研究成果，拓展、拓深港澳制度研究的格局。特別是，叢書將不僅限於政法制度，還將視野擴及港澳經濟、社會、文化、教育、科技、政府管治、媒體等方面的制度，這將使得港澳制度研究在廣度、深度方面更為拓展和深化，進一步豐富港澳制度研究範疇的包容性和統攝性，為廣大讀者展示港澳制度立體多面的全貌，這十分令人期待。

第三，**前瞻港澳制度研究的未來發展**。港澳制度研究要為港澳「一國兩制」事業做出應有的貢獻，不僅要敏銳抓住研究論域的根本和重點，還要善於把握港澳制度的脈搏和運行規律。毋庸諱言，現有的港澳制度研究成果對制度運行的規律性研究還不夠，高水平、有分量、有深度的成果還不多，特別是能有效解決疑難問題、足資回應實踐挑戰的成果還不多。進入新時代以後，港澳形勢出現的新情況、新問題給中央管治港澳提出了新的挑戰。**在政治方面**，香港維護國家主權、安全、發展利益的制度還需完善，對國家歷史、民族文化的教育宣傳有待加強。2020 年國家層面出台國安法，為解決治理危機提供了有力抓手，但國安法律制度和執行機制如何進一步發展完善還有很多具體和複雜問題需要研究解決。而且，單靠國安法的落地還不夠，還需要認真研究特區教育、媒體、司法、文化、政府管治方面的制度問題。需要指出的是，港澳制度中的「制度」既包括在特區內實行的制度，也包括決定這個制度的制度。因而港澳制度就不能僅僅限於兩個特區內部實行的制度，而首先應從國家治理體系的制度角度出發。

例如目前中央全面管治權的制度機制都面臨一些新情況和新問題，如中央對特區政治體制的決定權、中央對特區高度自治權的監督權包括對特首的實質任命權、特區本地立法向人大的備案審查等制度問題，都存在值得研究的理論和實踐問題。澳門特區政府依法治理的能力和水平，與形勢發展和民眾的期待相比仍需提高，政府施政效率、廉潔度和透明度與社會的發展存在一定的差距。習近平提出，澳門要「繼續奮發有為，不斷提高特別行政區依法治理能力和水平。回歸以來，澳門特別行政區治理體系和治理能力不斷完善和提高。同時，我們也看到，形勢發展和民眾期待給特別行政區治理提出了更新更高的要求」。[3] **在經濟方面**，香港經過幾十年的快速發展，面臨著經濟結構進一步調整等問題，部分傳統優勢有所弱化，新經濟增長點的培育發展需要時間，來自其他經濟體和地區的競爭壓力不斷增大；澳門博彩業「一業獨大」，明顯擠壓其他行業的發展空間，經濟結構單一化問題突出，經濟多元發展內生動力不足，缺乏政策配套和人才支持。**在社會方面**，港澳長期積累的一些深層次問題開始顯現，特別是土地供應不足、住房價格高企、貧富差距拉大、公共服務能力受限等民生問題突出，市民訴求和矛盾增多，中下階層向上流動困難，社會對立加大，改善民生、共用發展成果成為港澳居民普遍呼聲。要解決港澳社會存在的各種問題，歸根結底是要全面準確理解和貫徹「一國兩制」方針，始終依照憲法和基本法辦事，不斷完善與憲法和基本法實施相關的制度和機制，聚焦發展，維護和諧穩定的社會環境。

研究解決這些問題，都需要在完善制度機制方面下功夫，而這些正是港澳制度研究的未來，亟待深度開掘。據我所知，本叢書重視和歡迎如下選題：中央權力實際行使需要完善的制度機制，回歸後國家在港澳建立健全的相關制度，全面落實愛國者治港治澳的制度，憲

3　參見習近平：〈推進澳門「一國兩制」成功實踐走穩走實走遠〉（2014 年 12 月 20 日），載習近平：《習近平談治國理政》（第二卷），北京：外文出版社有限責任公司 2017 年版，第 424 頁。

法和基本法上對特區的授權制度，特區依法行使高度自治權的相關制度和機制，特區行政主導體制，特區政府施政能力和管治水平方面的制度，特區行政管理權實施的制度機制，特區立法權實施的制度機制，特區司法權的制度機制（如香港司法審查制度），基本法有關特別行政區經濟、教育、文化、宗教、社會服務和勞工方面的制度運行問題，特區區域組織或市政機構及其制度，特區公務員制度以及香港政黨制度，香港的某些特殊制度（如高官負責制、新界原住民權利），等等。

香港三聯書店特邀請我擔任本叢書的主編，我十分高興，也非常期待和樂意與廣大內地、港澳學人共襄此舉，為實現上述三個「小目標」，為完善「一國兩制」制度體系貢獻智識和力量。「一國兩制」是一個史無前例的偉大事業，我有幸參與研究港澳問題 20 多年，深深體會到，港澳制度的理論和實踐，是中國對於世界治理所能奉獻的獨有的、寶貴的領地，從學術理論上探討和解決上述一系列複雜、敏感和重大的制度運行問題並不斷完善它們，必將有利於回答堅持「一國兩制」制度體系對於維護國家主權、安全和發展利益，保障港澳的長期繁榮穩定，對於推進國家治理體系和治理能力現代化為什麼十分必要、為什麼現實可能、為什麼是歷史必然這一時代命題。因此，我相信本叢書的推出，將對支撐建構中國特色哲學社會科學奉獻中國獨有的理論貢獻和智力支撐，這不但是值得期許的，也是中國學人的使命擔當。

是為序。

鄒平學

2021 年 4 月 1 日於深圳

目 錄

導　論

一、新型冠狀病毒肺炎疫情引出的澳門特區行政應急權制度完善課題

澳門特區自 1999 年回歸以來，在《澳門特別行政區基本法》的指導下，歷屆行政長官和特區政府以全面貫徹「一國兩制」、「澳人治澳」、高度自治為原則，堅守「一國」之本，善用「兩制」之利，根據澳門本地的實際情況積極施政，在經濟和社會發展方面取得了較大的變化和成果。在經濟上，根據澳門特別行政區統計暨普查局的資料，2021 年澳門人均本地生產總值約為 350,445 澳門元，在亞洲國家和地區中名列前茅 [1]；在產業結構上，澳門特區產業結構進一步優化，國際化程度進一步加深；在融入國家發展大局上，澳門特區落實了「一中心、一平台」的建設，全力參與橫琴粵澳深度合作區建設，推動澳門藉著體制機制創新，構建橫琴粵澳合作區與澳門一體化高水平開放的新體系，推動澳門突破發展瓶頸，為經濟適度多元發展注入強勁的新動力。[2]

但是與此同時，隨著澳門經濟發展愈發增速和國際化程度進一步提高，社會的複雜程度不斷加深，經濟社會發展的背後隱藏了更大的隱患和危機，如從 2008 年暴風「黑格比」侵澳災害、2010 年澳門

1　數據來源：澳門統計暨普查局網站，https://www.dsec.gov.mo/zh-MO/Statistic?id=902。

2　參見澳門特別行政區經濟財政司：《2021 財政年度經濟財政範疇施政方針》，第 49 頁。

國際中心食肆爆炸事件、2017 年颱風「天鴿」侵澳災害、2020 年新型冠狀病毒疫情等重大傳染病事件愈加頻發，乃至 2022 年 6 月，澳門特區因新型冠狀病毒疫情的社區傳播首次宣佈進入「相對靜止」的全域行動限制狀態。各種各樣的公共危機頻頻發生，尤其是本書所討論的重大傳染病事件更是時刻威脅著澳門的城市發展，威脅著澳門市民和來澳工作、旅遊人士的生命財產安全。

面臨突發公共事件帶來的諸多挑戰，澳門特區政府建立了以行政長官領導的危機處理委員會作為統籌和全面協調基礎的四大危機處理機制，並在施政過程中對相關應急制度和法律規範進行了不斷地完善和改進。在 2017 年「天鴿」風災事件後，行政長官在向立法會所作報告中提出了構建防災減災長效機制，同年年底，澳門特區政府委託國家減災中心等三家單位聯合編制了《澳門「天鴿」颱風災害評估總結及優化澳門應急管理體制建議》報告，並以此為基礎，進一步編制了《澳門特別行政區防災減災十年規劃（2019—2028 年）》，進一步完善了危機管理機制。尤其是針對重大傳染病事件，早在 2011 年 3 月 6 日，澳門便與廣東省簽署了《粵澳合作協議》，在公共衛生方面便有信息通報、防禦、控制等協調措施，在新冠疫情的應對中更是在信息通報、物資保障、技術援助三大方面充分發揮了「一國兩制」制度的獨特優勢。

但是由於澳門特區的經濟社會結構特殊，對突發公共事件的應對依舊是特區政府面臨的難題，尤其是對特區的產業經濟結構影響極大的重大傳染病事件在近兩年給澳門特區帶來了巨大的社會風險。

在現代社會的危機管理當中，法律往往要賦予行政權力更大的自由裁量權以保證其發揮其能動性，針對突發公共事件的情況進行適當的靈活處理，但是過於寬泛的行政權的授予容易導致行政權力的濫用，而在緊急情況下如何保證行政機關一如既往地在法律的框架下行使這驟然膨脹的行政權力，避免其超出法律的界限，對於保護每一位

公民的合法權益都極為重要。正如日本憲法學家小林直樹認為，應急權的行使會對現代社會的民主憲政原則產生諸多嚴重的影響[3]，因此在對突發公共事件進行危機管理的時候，除了在行政管理學的意義上建立完善危機管理機制，更應當在法律意義上建立對應急權力的約束規範，尤其是在行政法意義上，通過行政組織法、程序法和救濟法的多元規制對政府應急權力的法制制約。

對於澳門特區來說，其行政主導制的政治體制決定了行政長官和特區政府作為行政主體本身具有較強的行政自由裁量權，為特區的危機治理提供了有力的保障。如澳門基本法第 50 條和第 13/2009 號法律《關於訂定內部制度的規範》所確立的獨立行政法規制度，在重大傳染病事件的應對過程中可以讓行政長官在不受立法會制約的情況下制定規範，採取更加及時和靈活的應對措施。但是與此同時，更強的行政應急權也意味著需要更完整有效的法律框架進行制約。在本書的研究當中，我們發現澳門特區現有的行政應急權制約存在諸多值得商榷和完善之處，因此，在重大傳染病事件的背景下，當行政應急權力限制和停止公民的某些權利，從而改變正常的法律秩序並與原有的法治原則產生衝突時，研究如何基於澳門特區的特殊法律架構和危機應對的實際需求，通過行政法規範確立重大傳染病事件中的應急新原則、標準和救濟措施，為特區的危機治理提供實際指導和理論支撐，正是本書研究目的所在。

二、本書的基本結構和內容

行政法意義上的行政應急權是指在突發事件發生時，由國家的行政機關依照法定程序和授權針對突發事件所享有的處理緊急事務的

3　參見莫紀宏、徐高：《緊急狀態法學》，北京：中國人民公安大學出版社 1992 年 4 月版，第 263 頁。

各項權力。政府行使行政應急權力會限制甚至停止公民的某些權利，從而可能改變正常的法律秩序，與既定的法治原則產生衝突。但這並不能否定行政應急權力的合理性。

行政應急權在法理上通常被認為是為實現法律所追求的社會公共利益所運用的手段，有時為了社會整體的、長遠的、根本的利益，需要暫時犧牲局部的、個人的利益，打破某些法治原則，但是這也恰恰證明了法治原則本身並不是目的。打破原則的首要目標是採取高效率、迅捷的對抗措施消除緊急危險，恢復社會正常狀態。一般而言，與正常狀態下的行政權力相比，行政應急權具有較強的專斷性，並且高度集中在行政機關之手。這種專斷性權力的存在，是人類社會應對突發災難的長久選擇的結果。當然，正是這種應急權主體的單一性和行使的專斷性，決定了應急權行使失控必將造成嚴重的社會危害性。[4] 由於重大傳染病事件作為突發公共事件的特殊類型，具有顯著的危機特性，這也注定了行政法絕大部分針對正常狀態下的社會情勢所規制的內容無法發揮應有的作用。常態下的行政權力設置在規範設計上充分體現了權力分配上與立法權的相互限制、公民權利保護最大化的特徵，但是當重大傳染病事件此類威脅正常生活秩序的緊急情況出現時，正常狀態下的權力與權利分配格局便失去了社會基礎。即當正常狀態不復存在時，正常狀態下的權力和權利構造便會需要有所改變。

而在現代法治社會當中，依法行政是政府一切行為的準則。政府應對重大傳染病事件時享有較平時更多、更廣泛和更具強制性的權力，這對於有效、及時組織和運用國家各種資源，採取強有力的措施，儘快消除危險、渡過危機的作用無疑是巨大的。但是，這種權力必須在法律的規範和控制中，使之既能有效保障政府應對危機，又能

4　參見黃俊傑：《法治國家之國家應急權》，台北：元照出版有限公司 2001 年版。

盡量避免相應權力被濫用和對公民基本權利、自由造成侵犯。

行政法的首要之義就是它是關於控制政府權力的法，這是其作為法學學科的核心。[5] 正如上文所言，為維護社會公共利益、國家利益和社會穩定，緊急情況下的行政應急權是必要的，但在現代法治原則的支配下，須由行政法來規制和調整行政應急權，規範政府職責和公民權利義務，防止社會秩序失控，促進政府依法行政。行政法通說認為，行政法對政府權力的規制主要通過規範行政主體和行政權設定的行政組織法、規範行政權運行的行政行為法、規範行政權監督的行政監督和救濟法組成，因此，在緊急情況下對於行政權力的規制也應當基於這三種不同類型的行政法規範進行分別研究。亦即，本書的研究目標為基於重大傳染病事件的特性和澳門特區的現狀和實踐經驗，建立以組織法規範為基礎、以行為法標準為軸心、以救濟法內容為補充的行政應急權制度和規範體系。

本書共有五章，各章主要關注的問題和主要內容如下。

1. 重大傳染病事件應急法治的基本原理

第一章主題為「重大傳染病事件應急法治的基本原理」。本章主要從重大傳染病事件的定義出發，就重大傳染病的相關概念和法律定位進行分類和梳理，並試圖通過概念的梳理系統性地闡述重大傳染病事件應急法治在澳門地區需要攻克的難題和基本的運作結構原理。

本章從重大傳染病事件的上級概念 —— 突發公共事件的定義和特徵出發，從共性和特性的角度分別歸納和總結了重大傳染病的特徵及其法律定位，以此為基礎就澳門特區重大傳染病事件應急法治所面臨的特殊困境進行了深入分析，並試圖通過這樣的敘述結構，讓讀者對澳門特區現有的行政應急法治現狀和困境有一個更為全面和深入的

5　參見〔英〕威廉・韋德：《行政法》，徐炳、楚建譯，北京：中國大百科全書出版社 1997 年 1 月版，第 5 頁。

瞭解，從而展開後文針對應急法治當中不同環節問題的研究和探討。

2. 澳門特區重大傳染病事件行政應急組織法規範研究

第二章主題為「澳門特區重大傳染病事件行政應急組織法規範研究」。本章主要在行政組織法的角度聚焦討論兩個問題，即澳門特區重大傳染病事件中預警權限分配問題和強制隔離權限分配問題。

從一般情況來說，行政組織法教義學建立在雙重功能體系原理上：一是建構功能，將行政組織建構為法律上的人，賦予其權力，明確其責任；二是管制功能，組織法規範影響具體行政活動的過程和決定。而重大傳染病事件具有的危機性顯然對現代行政組織法的建構和規範功能提出了挑戰，因此本章針對重大傳染病事件帶來的組織法挑戰進行探討，希望通過正確處理組織形式內外的結構性關係實現要素的合理配置，最終獲得組織結構優化的法律框架。

重大傳染病事件中的預警權限分配問題顯然是值得討論的組織法問題之一。澳門特區有關突發事件預警的法律法規頒佈較晚，澳門特別行政區第 2/2004 號法律《傳染病防治法》對傳染病的防治有了初步系統性的規定，但是全文未規定預警機制；後續的相關行政法規頒佈後，預警系統雖然有了一定程度的完善，但對比其他國家或地區的有關規定，依舊缺乏對於公眾預警權的規範，即預警權仍處於被政府壟斷的狀態，具體的細節也模糊不清，有待探討和完善。

重大傳染病事件當中的強制隔離措施的決定權分配問題也是應當值得探討的組織法問題。強制隔離措施是行政強制措施中的一種，其實施主體是行政機關、醫療機構、疾病預防控制機構，對象是公民的人身自由，具有強制性、緊急性和臨時性等特點。[6] 在現行法律當中，強制隔離是重大傳染病事件中適用頻率最高的一種，但在現行法

6　參見甘若雯：〈重大疫情防控中強制隔離的法律規制與完善〉，《前沿聚焦》2021 年第 6 期，第 33-41 頁。

律規範中，對於行政強制措施權限問題還處於界限不清的狀況，在實踐中可能會存在主體權限不明確，侵犯到公民的基本權利的情況。因此，結合針對強制隔離權限的分配問題的三個學說進行分析權衡，應當基於應急隔離權下放的基礎上進一步適當引進專家意見制度，同時增加行政事後審查機制，確保強制隔離措施中的人權保障。

3. 澳門特區重大傳染病事件行政應急行為法立法規範研究

第三章主題為「澳門特區重大傳染病事件行政應急行為法立法規範研究」。本章在行政行為法立法規範上主要討論兩個問題，分別是澳門重大傳染病事件經濟援助措施的合理性標準問題以及應急藥品監管審批的合理性標準問題。

行政行為是具有行政法意義或效果的行為。其中行政立法是指制定行政法規範的行為，屬於抽象行政行為。在應急法治當中，行政機關雖然擁有更大的應急權力，但是對於某些並非即時性的問題往往仍需通過行政立法的方式臨時加以規範和明確。尤其澳門地區在「一國兩制」的背景下採用行政主導制的政治體制，並在現有法律框架內存在一套相當成熟的行政法規制度。因此，在突發事件的背景下，如何在應急法治中保證立法規範的明晰成為了本章需要討論的問題。

在行政法領域的應急法治研究中，理論界普遍認為，既要賦予政府充分的自由裁量權以發揮其主導作用，但是也要通過嚴格的法律規範來約束政府的行政行為。行政程序法的目標就在於在基本原則的指導下，通過妥善的程序設置和符合要求的標準設定來規範組織架構下的要素流動，保證應急危機中政府基於法律的有效管理。

在經濟援助措施方面，澳門特區在重大傳染病事件中採取的經濟援助在全球處於領先地位，但是其行政程序法上的原則性標準依舊存在欠缺。對澳門特別行政區實施的多輪經濟援助進行規範梳理和爭議探討，可發現重大疫情視角下的經濟援助不能完全以社會救助、行

政補償等理論作為其法律定性根據，而應當結合突發傳染病事件特徵選取新的理論模型對法律基礎進行構建。在原則性標準的構建上，一方面應當優化社會救助的實施模型，在普救式的援助上強化選擇性決策，構建程度累進原則；另一方面，在構建以經濟調控論為主要目標約束因素的基礎上引入社會救助理念，不僅保障宏觀的覆蓋，更要從微觀上實現精準救助，構建平等援助和優先性原則。

在應對重大傳染病疫情之際，我們經常面臨新型病毒變異引起的藥物短缺問題。因此，加強藥物研發能力並建立完善的藥品審評審批制度，特別是非常規審評審批流程，已成為應急法治下行政立法改進的關鍵方向。此處，中國內地、美國及歐盟的藥品審評審批程序對此具有重要的借鑒價值。本節將通過比較法研究，探討澳門地區在重大傳染病事件中藥品審評審批法律規制是否存在不足或空白之處，以期為澳門地區制定相應規範提供參考與借鑒。

4. 澳門特區重大傳染病事件行政應急行為實施標準研究

第四章主題為「澳門特區重大傳染病事件行政應急行為實施標準研究」。本章在行政行為實施標準上主要討論三個問題，分別是澳門重大傳染病事件中應急強制管理的實施標準問題、流行病調查制度問題和應急行政宣導措施實施標準問題。

行政程序是行政機關實施行政行為時應當遵循的方式、步驟、時限和順序所形成的一個連續過程，行政程序作為規範行政權、體現行政法治形式合理性的行為過程，是實現行政法治的重要前提。雖然突發公共事件當中部分行政程序需要為行政應急權進行讓渡，但是行政程序以及其制定標準依舊有其法治價值所在，正是在重大傳染病事件當中，才更應當通過程序收束放大的行政權力，避免其滑向濫用的極端。本章討論的問題主要集中在行政程序制度的構建。

在重大傳染病疫情中，應急強制管理是常用的治理手段。然

而，在澳門的實踐過程中，實施標準仍存在一定的爭議。本章將基於對澳門防疫應急強制管理措施的梳理，在現有一般性管理制度基礎之上，建立制度啟動與解除的原則性標準，比較匯總措施差異，並構建以遞進原則、即時性原則和正當程序原則為框架的標準模型。

在重大傳染病疫情中，流行病學調查被用於病源追蹤、信息搜集等方面。然而，在現行法律框架下，多元主體的流行病學調查可能導致個人信息的不當洩露。因此，探索明確法律規定，以規範流行病學調查程序標準，亦成為本章研究的重要方向。

同時，在重大傳染病疫情中，行政宣導行為的限度問題也受到廣泛關注。隨著行政主體角色由管理者逐漸轉變為服務者，行政行為方式在單一的剛性行政基礎上增加了柔性行政手段。行政宣導作為傳統命令式行政方式的重要補充，在應急狀態下缺乏明確的標準和深入研究。本節將通過對標準邊界和保障性措施的研究，期望使行政宣導在實踐中更好地發揮效用。

5. 澳門特區重大傳染病事件行政應急救濟法制度研究

第五章「澳門特區重大傳染病事件行政應急救濟法制度研究」就行政補償和救濟法的範疇出發討論了兩個問題，分別是澳門重大傳染病事件的應急致損的補償標準問題和應急徵用的補償標準問題。

後疫情時代，政府為有效應對及保障社會大多數利益，在行使公權力的過程中會產生與私權利之間的利益平衡問題，雖然應急狀態下公權力的擴張在所難免，但難免導致部分行政相對人的合法權益無法得到保障。一個有能力的依法行政的法治政府不僅能運用法律處理好正常社會狀態下的秩序和有效地保障公民權利，更重要的是能在應急狀況下處理好社會秩序和有效地保障公民權利。由此，行政緊急權應當被提到應有的高度加以認識和合法運用，這也就意味著必須要對行政應急權的法律救濟原則程序等問題納入法律體系加以解決，並在

以後的實施過程中加以修改和完善。

　　澳門重大傳染病事件中，關於政府行政應急致損的補償標準討論頗多。通過研究重大傳染病事件中致損的賠償標準，能規範政府在重大傳染病事件中的各種規制措施，疏導化解私權利特殊時期公權力超常行使而導致損失帶來的糾紛和矛盾。而在新冠疫情之下，應急致損可能包含各類財產、人身、精神損害，本文主要以接種新冠疫苗致損這一典型重大傳染病事件應急損害補償標準進行論述。

　　在澳門重大傳染病事件應急徵用的補償標準應當是本書針對救濟法研究的重點。健全的應急徵用補償標準機制的設立，有利於行政相對人的合法權益得到有效保障，且有利於提高救援的速度和政府的公信力。但由於現行立法中相關內容缺位，應急徵用補償範圍不明確，補償標準不統一，導致應急徵用補償在實踐中爭議較大。

　　本書仍是行政應急權研究的初步展開，對於研究問題的選取相對集中和聚焦，並不能解決澳門特區行政應急權法治理論和適用中面臨的所有問題。但是本書仍基於目前澳門特區最值得研究的部分進行了深入探討，研究內容集中且開放，不求系統性和完整性，但求深入性和適用性。筆者希望本書並不是澳門特區行政應急權研究的終點，而是一個全新的起點。

三、研究方法

　　本書研究過程中採用的研究方法主要有以下四種：

1. 文獻研究法

　　在所有的研究方法中，使用文獻分析法最為常見。通過大量相關的文獻資料取證，針對研究課題進行分析，引用資料包括期刊、專業雜誌、學術論文等，經過分析、梳理，從中找出有用的信息，瞭解

專家學者們對這一問題的看法，以及他們所使用的研究方法和視角、在研究中的側重點，為自己的研究提供理論依據。本書通過對於不同課題當中有關的資料分類梳理，如重大傳染病事件相關的法律文件、相關法律的立法說明、案例材料、現有研究成果等，理清不同作者的思維脈絡，掌握最新的研究成果，整合分析後進行理論的分析和標準的構建。

2. 規範分析法

對於重大傳染病事件下應急法治秩序的構建，本書通過對應急類法律的現行規範進行整理，瞭解應急法治構建的障礙和可能的出路，從相關的法律文件，到政府公佈的行政法規、批示、意見等文件，進而瞭解應急法治的現有模式和改進方向。

3. 功能主義比較法

「一切認識、知識均可溯源於比較。」[7] 傳統的比較法難以找到對應的政策進行比較研究，而本書採用的功能主義比較法的優勢在於可以通過實際問題的對應，不受不同法律體系上各種概念的約束，防止在體系思維下，對於外國法的對應法條無法查詢的情況。通過功能主義比較法研究不同國家對於重大傳染病事件的應對方案和效果，綜合性比較和分析後得出比較法意義上合理性標準的結論。

4. 學科整合法

在重大傳染病事件與應急法治領域，涉及的目標課題往往與醫學、經濟學、社會學、管理學、政治學等多學科產生交叉，或視角形成競合，需要從多角度展開研究。即使從行政法學角度切入，也需要

7　參見 K・茨威格特、H・克次：《比較法總論》，潘漢典等譯，北京：法律出版社 2004 年版。

從上述學科的已有成果中借鑒制度、框架、發展方向以及相關改革理念。因此本書在寫作過程中採用學科綜合的研究方法，以吸納其他學科的研究成果。

第一章

重大傳染病事件應急法治的基本原理

重大傳染病事件的含義

◇◇◇

　　重大傳染病事件是突發公共事件的一種特殊類型。根據澳門的 11/2020 號《民防法律制度》，突發公共事件按風險因素特點分為自然災害、意外事故、公共衛生事件、社會安全事件。其中，公共衛生事件是指由微生物、污染物、有毒有害物質及相關因素所引起的危害公眾生命及健康的情況，主要包括重大傳染病疫情事件、不明原因群體疾病、重大動物疫情、重大食物中毒和職業中毒、自然災害誘發的疾病流行、重大環境污染事故、生化核輻射恐怖事件等。[1] 因此對於重大傳染病事件含義的全面分析，應當從突發公共事件的共性出發，結合傳染病的特殊性質，以突發公共事件的分類理論作為基礎，準確地界定和理清重大傳染病事件的定性和分類，為本書的研究提供務實的概念基礎。

　　突發公共事件是重大傳染病事件的上級概念，作為影響人類社會安全穩定和有序發展的重要因素，其在歷史的長河當中與人類社會的發展相伴相生、如影隨形。

　　在概念使用上，除「突發公共事件（emergency）」外，現在學術界和實踐部門使用的主要還包括「公共危機（crisis）」、「緊急狀態（state of emergency）」、「災害（hazard）」、「災難（disaster）」等。這幾個概念都是用來描述性質相近的一類事件或狀態，一般指的是對

1　參見軍章、王聲湧、葉澤兵：〈中國應急醫學救援體系的發展現狀與對策分析〉，《中國應急管理》2013 年第 3 期，第 15 頁。

特定地區的法律制度、社會安全和公共秩序、居民生命和財產安全已經或可能構成重大威脅和損害，甚至造成巨大的人員傷亡、財產損失和社會影響的涉及公共安全的緊急公共事件。

在法律上，中國內地的《國家突發公共事件總體應急預案》中，對突發公共事件的定義是「本預案所稱突發公共事件是指突然發生，造成或者可能造成重大人員傷亡、財產損失、生態環境破壞和嚴重社會危害，危及公共安全的緊急事件」。而在澳門特別行政區第11/2020 號法律《民防法律制度》第三條「定義」中，對「突發公共事件」有如下定義：「是指突然發生並造成或可能造成人員傷亡、財產損失、生態破壞或社會危害，並危及公共安全和環境的情事。」[2]

綜合來看，筆者認為對於突發公共事件的基礎定位剖析應當基於以下三個基本特徵：即危機性、緊急性和公共影響性。

第一，危機性要求突發公共事件所指向的情事必須具有對社會系統的基本價值和行為準則產生嚴重威脅的性質，且這種負面性會進一步惡化。[3] 在現代社會中，這種負面性具體指向為對生命、財產、社會秩序、生態環境等社會正常運作要件造成損害。危機性讓突發公共事件區別於一般的社會事件，要求政府和社會採用非常規手段對突發公共事件進行介入處理，避免突發公共事件因為處理不當而失去控制，朝著無序的方向發展而導致危機的擴大化。

第二，緊急性要求突發公共事件發生的具體時間、實際規模、具體形態和影響範圍是難以預測的，也就是人們一時難以把握其發生方向，對其性質也難以即時做出客觀判斷。這也就意味著應對該事件的組織決策環境達到了一個臨界值和既定的閾值，組織急需快速作出決策，並且通常缺乏必要的訓練有素的人員、物質資源和時間。

2　參見郭研實：《國家公務員應對突發事件能力》，北京：中國社會科學出版社 2005 年版，第 1 頁。

3　參見薛瀾、張強、鍾開斌：〈危機管理：轉型期中國面臨的挑戰〉，《中國軟科學》2003 年 4 月，第 6 頁。

第三，公共影響性要求突發公共事件必須威脅到大多數的不確定人群的利益，甚至在危機性的影響下擴大，進而威脅到整體社會的穩定和安全。

重大傳染病事件作為突發公共事件的特殊類型，其不僅具有突發公共事件具有的危機性、緊急性和公共影響性三種基本性質，同時也具有基於傳染病特徵的特殊性質。

在法律上，「重大傳染病事件」一般是指當地法律所規定的傳染病發生爆發、流行。在醫學意義上，所謂爆發是指「一個局部地區，短期內突然發生多例同一種傳染病人」，流行則是指「一個地區某種傳染病發病率顯著超過該地區歷年的一般發病率水平」[4]。由此可得，重大傳染病事件具有兩個構成要求，第一是必須是法定的傳染病，如在中國內地則是以《中華人民共和國傳染病防治法》第 30 條所稱的傳染病為標準，而在澳門特區則是以澳門特別行政區第 2/2004 號法律《傳染病防治法》第 1 條第 2 款所稱傳染病為界限，非法定的傳染病的流行和爆發不屬於重大傳染病事件；第二個構成要求則是「短期突發，且達到一定的發病率」，實質上也就是需要在傳染病意義上符合突發公共事件危機性、緊急性和公共性的特徵。

除了具有突發公共事件的一般特徵，基於傳染病的特性，重大傳染病事件具有獨特的危機屬性。筆者認為，可以將重大傳染病事件獨立於一般突發公共事件的特質歸納為如下三點：即外溢性、無差別風險性、社會整體性。

第一，重大傳染病事件具有外溢性，容易構成跨域風險。傳染病的本質特徵是「人傳人」，尤其是在交通運輸能力發達和人際關係交互複雜的現代條件下，傳染病危機不僅容易跨越行政區劃或國度，且更容易實現行業和領域方面的跨越，不僅對身體健康，更對經濟、

---

4   參見《中華人民共和國傳染病防治法實施辦法》。

文化、政治等多方面造成嚴重的打擊。

　　第二，重大傳染病事件具有無差別的風險性。所謂的無差別是指這種風險是「民主分佈」，平等概率降臨到每一個人頭上，每一個人都沒有豁免風險的可能。因為傳染病極具擴散性，一旦沒有得到良好的防疫控制，社會上所有人都會有感染的風險和可能。

　　第三，重大傳染病的危機具有社會整體性。重大傳染病的發生往往是社會整體都需要關注的事情，因為重大傳染病疫情的擴散和傳染極快，且通過隔離和治癒病人以控制疫情往往需要較長的時間，容易誘發社會整體性的危機，有一定時間持續性和空間封閉性，容易形成危機的日常化狀態。而整體性危機的本質就是由於傳染病疫情的擴散和持久，可能會讓整個社會均受到影響，這也是重大傳染病事件區別於一般的突發公共事件的重要本質。

　　以上三種特性可得，相對於一般的突發公共事件，重大傳染病事件對社會大眾的日常生活和社會的規範秩序帶來更大的負面影響，應當針對其性質和類型在法律和行政層面進行明確定性。但是與此同時值得注意的是，在當今社會中，伴隨著全球化和城市化進程，重大傳染病事件日益頻繁，病原體種類變化更加頻繁，因此，重大傳染病類型的具體規定，必須在法律和行政架構上為各種新情況、新變化預留足夠空間，並隨著最新的醫學發展或是現實情況的變化作出適當和適時的調整。如在 2022 年 7 月 22 日，澳門特區立法會就通過一般性討論並表決通過了對其附件傳染病表的修改，將猴痘納入了第 2/2004 號法律《傳染病防治法》第 1 條第 2 款所指的傳染病表列出的第二類疾病清單中。

重大傳染病事件的特殊探討價值

◇◇◇

重大傳染病事件作為突發公共事件的一種特殊類型，在當代突發公共事件應急法治當中受到格外的重視，同時也是本書的主要研究方向和著重點。筆者認為重大傳染病事件在當前澳門地區應急法治當中值得重視的原因有三：

第一，重大傳染病事件相對其他突發公共事件具有更強的整體危害性，容易演變成整體性的社會風險，澳門特區的社會規模相對較小，因此整體危機的風險性更高，因此應當格外注意重大傳染病事件的應對。

第二，特區政府面臨的難題正是對社會經濟影響極大的重大傳染病事件。澳門特區經濟結構比較單一，根據特區政府 2021 年的統計數據顯示，澳門第二產業佔比仍僅為 8.7%，第三產業佔比為 91.3%，且第三產業中大部分為與旅遊業相關的博彩業和酒店業，而旅遊業恰恰是高度市場化的敏感行業，極易受環境影響，具有外溢性和社會整體性的重大傳染病事件會對旅遊業造成嚴重衝擊，高度市場化的旅遊業會成為減收最大的行業之一。因此，能對本地支柱產業造成重大衝擊的重大傳染病事件如何有效應對是目前特區政府最為重視和關注的問題。[1]

第三，澳門特區作為國際旅遊城市，人口流動較大，重大傳染

1　數據來源：澳門統計暨普查局網站，https://www.dsec.gov.mo/zh-MO/Statistic?id=902。

病輸入和傳播的風險極高，同時由於地理位置和社會規模的影響，本地自然災害、意外事件和社會安全事件較少發生。相比其他三種類型的突發公共事件，突發公共衛生事件在澳門地區有更高的研究價值。因此在研究澳門特區的突發公共事件的應對時，應當更側重於突發公共衛生事件，尤其是重大傳染病事件的研究。

正因如此，澳門地區的突發公共事件行政應急權制度構建的核心重點和攻關難題都集中在突發公共衛生事件方面，尤其集中於重大傳染病事件。在本次新型冠狀病毒肺炎疫情應對當中，特區政府面臨了前所未有的壓力，澳門地區的經濟社會秩序受到了較大衝擊，也印證了重大傳染病疫情對澳門地區的突出影響。

本書的研究方向會更著重於從澳門地區在本次重大傳染病疫情應對中出現的諸多問題出發，將理論結合於客觀實踐，嘗試構建起符合本地客觀情況的行政應急權制度，為澳門特區應急法治體系建設貢獻更多的力量。

應急法治的基本原理和制度結構

◇◇◇

在重大傳染病事件的治理當中，應急法治是治理的基本法律架構。國家對社會的管理主要是常態管理，其次才是非常態管理，亦即危機管理。以常態管理為主體的行政架構使得人們對常態管理積累了較多的經驗，形成了許多行之有效的制度和辦法。但人們在非常態管理方面無論是從認識上還是從制度上離現實需要都還有一定差距。應急法治研究便是針對危機管理狀態下的法律設置研究，其以突發事件的分類理論作為基礎，通過區分事件週期的方式組成系統性的制度安排，保障了重大傳染病事件當中應急法治架構仍能有效運行。

這一制度架構包括以下幾個方面：

1. 重大傳染病事件的預防和應急準備制度

預防和應急準備制度主要針對常態下全社會危機意識和應急能力的提高，包括對引發事件的隱患的調查和監控、應急預案的組織制定、應急救援隊伍的建立、應急預算的設立、物質上的應對保障。

2. 重大傳染病事件的預警制度

英國危機管理專家邁克爾・里傑斯特（Michael Regester）說過：「預防是解決突發公共事件的最好方法，危機管理的最終目的是避免危機發生，減輕危機後果，這就要求把預警放在首位。」

在傳染病事件發生前就採取措施以防止傳染病的擴散和爆發；在傳染病事件發生時從容應對不致使傳染病事件發展為對社會產生嚴重影響的災難，這就是預警制度所追求的目標。預警制度的構建以預

備、預案、預防作為支撐點，通過及時對突發事件進行信息預測和風險評估，同時依據突發事件可能造成的危害程度、緊急程度和發展趨勢，確定相應預警級別，發佈相關信息，並採取相關措施。

3. 重大傳染病事件的應急處置制度

突發事件發生以後首當其衝的就是有效處置事件，防止事態擴大和發生次生、衍生事件。澳門地區目前的公共行政應急管理制度已經針對突發事件的不同類型特點制定了相應的應急處置制度。

4. 重大傳染病事件的事後恢復制度

在突發事件基本得到控制後，就需要考慮恢復和重建工作，以減輕突發事件造成的損失和影響，儘快恢復原有社會秩序，妥善解決處置突發事件過程中引發的矛盾和糾紛。

澳門現有的重大疫情應對法律法規仍不健全，尤其是澳門相關法律法規較為分散，部分災害應對的緊急措施，如防疫方面內容，分散於不同的法律法規之中。特區現有的危機治理體系在此前數次的疫情和災害應對當中暴露了部分的問題。第一，面對突發重大疫情，預防與應急準備未能儘可能充分，公共憂患意識不強；第二，面對疫情的突發性，公共危機管理體制機制仍不健全，主要體現在民防架構統籌協調作用發揮不夠，粵港澳應急聯動機制不完善，公共溝通與動員機制不完善等；第三，重大疫情治理的法律法規與標準不健全，具體表現在政府危機治理的預案體系不健全，公民參與公共危機治理的法律體系有待進一步完善。

隨著社會與經濟的不斷進步和發展，面對公共危機的不確定性和突發性，對於政府應對公共危機的預防和治理提出了更高的要求。特區政府需要建立一個更完善多元的協同治理機制體系，一方面，需要繼續完善法律和制度框架，健全行政應急權制度；另一方面，在具體適用時需要在執法層面進一步整合，以增強防疫管控和救助相關法律法規的整體性和協調性。

總的來說，澳門已經初步具備了在重大傳染病事件背景下關於重大傳染病事件應急處置的制度性框架和基本內容，但是還缺乏體系化和協調性。這也是本書的努力方向，希望能夠通過理論與實踐的結合構建起更加系統完善的應急法律制度，為澳門特區的應急法治提供支持。

第二章

澳門特區重大傳染病事件行政應急組織法規範研究

澳門特區重大傳染病事件
預警權限分配問題

◇◇◇

▍一、預警權限分配問題的歷史理論分析

　　從 1848 年英國通過現代公共衛生法案建立由中央政府設立的專門機構負責應對突發公共事件的職責開始，現代國家的重大傳染病事件治理模式毫無疑問能夠被定義為一種以政府行政權力為主導的組織現象，並規定到各種法律淵源當中。儘管模式並不相同，但是行政法規範各種行政組織的正式機制，歸根到底是要發揮其在重大傳染病事件背景下的積極作用，通過合理的法律規範提高組織應對危機的效率和合法性，避免組織失敗導致應對成本增加，甚至使得重大傳染病事件進一步發展演變成更難以處理的狀態。因此，應急法治要求我們必須通過針對性的組織法規範研究和探討，對重大傳染病事件當中行政組織法的相關規範進行詮釋和補充，建立起組織結構優化的新規範，才能形成引導實踐的最佳規範框架，提升澳門特區危機治理的能力。

　　20 世紀，被世界衛生組織（World Health Organization, WHO）定義為流感大流行的一共有三次，分別是 1918 年「西班牙流感」（Spanish Influenza）、1957 年「亞洲流感」（Asian Influenza）和

1968 年「香港流感」（Hong Kong Influenza）[1]，然而本世紀還未過四分之一，就已經發生兩次流感大流行，分別是 2009 年甲型 H1N1（A/H1N1 Influenza）[2] 和 2019 年新冠肺炎（COVID-19）[3]。然而禍不單行，眼見新冠肺炎至今仍未出現消失的跡象，猴痘（monkeypox）和不明原因肝炎（hepatitis of unknown cause）又爆發，威脅人類的生命安全。

　　重大傳染病事件在潛伏期是最容易處理的，通過及時預警往往可以起到防患於未然的作用，但一旦爆發，就會對社會造成極大規模的破壞，並難以快速解決。[4] 例如，在新冠肺炎的預警事件當中，2019 年 12 月 30 日，李文亮醫生率先向外界披露疫情，但卻以「在互聯網發佈不實言論」被轄區派出所訓誡；[5]2019 年 12 月 31 日，國家衛健委專家組到達武漢，直到 2020 年 1 月 20 日疫情防控緊急升級，開啟全國抗疫，但在這之間的二十天內，沒有任何有關疫情的官方消息。[6] 最高人民法院也曾評價「儘管新型肺炎並不是 SARS，但是信息發佈者發佈的內容，並非完全捏造。如果社會公眾當時聽信了這個『謠言』並且基於對 SARS 的恐慌而採取了佩戴口罩、嚴格消毒、避免再去野生動物市場等措施，這對我們今天更好地防控新型肺

1　參見曾祥興、李康生：〈流感百年：20 世紀流感大流行的回顧與啟示〉，《醫學與社會》2010 年 11 月第 23 卷第 11 期，第 4 頁。

2　參見〈在東南亞區域委員會第六十二屆會議上的講話〉，世界衛生組織網站，https://www.who.int/zh/director-general/speeches/detail/address-to-the-regional-committee-for-south-east-asia-(62nd-session)（最後訪問時間：2022 年 6 月 10 日）。

3　參見〈世衛組織總幹事 2020 年 3 月 12 日在 2019 冠狀病毒病（COVID-19）疫情代表團通報會上的講話〉，世界衛生組織網站，https://www.who.int/zh/director-general/speeches/detail/who-director-general-s-opening-remarks-at-the-mission-briefing-on-covid-19---12-march-2020（最後訪問時間：2022 年 6 月 10 日）。

4　參見王蔚蔚：《中國健康危機的傳播學研究：基於突發公共衛生事件的考察與分析》，北京：首都經濟貿易大學出版社 2020 年版，第 5 頁。

5　參見毛曉瓊、王晨：〈李文亮醫生，那個最早預言新冠肺炎的人，走了〉，微信公眾號「八點健聞」，2020 年 2 月 7 日（最後訪問時間：2020 年 2 月 7 日）。

6　劉玉海：〈SARS 之後國家重金打造的傳染病網路直報系統，為何並未及時啟動〉，經濟觀察網，http://www.eeo.com.cn/2020/0203/375484.shtml（最後訪問日期：2022 年 6 月 10 日）。

炎，可能是一件幸事」。[7] 又例如甲型 H1N1 的預警，從第一例確診病例於 2009 年 3 月 17 日發生 [8]，直到 2009 年 4 月 30 日流行病學總局（General Directorate of Epidemiology, GDE）向泛美衛生組織（Pan American Health Organization, PAHO）報告該公共衛生事件 [9]，中間間隔足有 44 天。這兩次流感大流行前期的預警都有一個相同點，都是從發現病例到向社會發佈預警信息的時間間隔非常久，即預警不及時，不能達到預警的真正效果。

「預警是控制、降低或減少突發事件危害的關鍵所在，是實施從源頭上治理危害的理論保障」[10]，然而只有充分體現預警的及時性和審慎性才有可能達到這種預期效果。如果說及時性代表預警「快」的特點，那麼審慎性代表預警「準」的特點。甲型 H1N1 和新冠肺炎的預警者均屬政府機構，其發佈的信息均要滿足準確性，除了公眾對政府發佈的信息非常信任以外，還因為重大傳染病事件本身可能讓公眾產生不安定情緒。[11] 如果政府發佈的預警信息不準確，那麼付出的成本就不會帶來預期的效果；長此以往，公眾對政府發佈的預警信息的信任度就會降低，對預警信息熟視無睹；預警機制將名存實亡，也將極大損毀政府的威信。[12] 所以，為了保障預警信息的準確度，政府在發佈信息前，會對重大傳染病事件作出評估、判斷或防控指導意見

7　〈治理有關新型肺炎的謠言問題，這篇文章說清楚了！〉，微信公眾號「最高人民法院」，2020 年 1 月 28 日。

8　Robert Roos: "Mexico's first swine flu case surfaced in mid-March", Center for Infectious Disease Research and Policy, https://www.cidrap.umn.edu/h1n1-2009-pandemic-influenza/mexicos-first-swine-flu-case-surfaced-mid-march (last accessed on 10th June 2022).

9　"Outbreak of Swine-Origin Influenza A (H1N1) Virus Infection --- Mexico, March --- April 2009", CDC, https://www.cdc.gov/mmwr/preview/mmwrhtml/mm58d0430a2.htm (last accessed on 10th June 2022).

10　胡培、趙世文、鄭克勤、許玲：〈突發公共衛生事件監測與預警系統理論概念及應用〉，《職業與健康》2004 年 8 月第 20 卷第 8 期，第 5 頁。

11　郝曉寧、劉建春、薄濤、吳敬、徐敏、張振忠、劉志、徐龍彪：〈我國突發公共衛生事件監測預警現狀的橫斷面研究〉，《中國衛生政策研究》2013 年 12 月第 6 卷第 12 期，第 56 頁。

12　參見〈應急管理概論（九）監測與預警〉，湖南省生態環境廳網站，http://sthjt.hunan.gov.cn/sthjt/xxgk/zdly/yjgl/zyzs/201112/t20111228_4667147.html（最後訪問時間：2022 年 6 月 10 日）。

等，這些都會影響預警及時性。

受 2019 年新冠疫情的影響，內地在原來的發現傳染病早報告政策 [13] 的基礎上又增加醫師可以預警 [14]，體現內地開始關注並重視預警的及時性特徵。但《中華人民共和國醫師法》（中華人民共和國主席令第 94 號）（下文簡稱《醫師法》）沒有規定醫師如何預警、在哪裏預警、預警後如何與政府對接等，這將會產生如何使預警的及時性與審慎性達到平衡的問題。及時性與審慎性的平衡問題是無法小覷的，如果為了「快」而忽略「準」，那麼不僅會產生許多謠言，還會導致公眾恐慌；如果為了「準」而忽略「快」，那麼重大傳染病事件就有可能大規模爆發，造成醫療癱瘓、公眾恐慌無措、經濟損失等一系列不利於社會穩定的事情發生。因此，只有做到又「快」又「準」，預警才可以實現「從源頭上治理危害」的效果。但目前，現行法律法規沒有解決這類問題，學界也沒有對該問題作出正面回答。

政府作為預警信息的監督者、公眾的守護者，必須保障發佈的預警信息的準確度，因此政府發佈預警信息不可避免地具有延遲、滯後性。那麼，為了讓及時性與審慎性達到平衡，就會想到除政府之外的其他機構或個人能否預警，他們的預警權是來自政府的許可（即政府權力下沉）還是根據言論自由（即私權保留），預警的主體不同是否會帶來權限分配問題，這些問題值得探索。因此討論預警及時性與審慎性的平衡問題和預警權限分配問題具有極強的理論層面與實踐層面的研究意義。

另外，一般在本地發生不明原因集聚性感染的重大傳染病事件中，預警及時性與審慎性的平衡問題和預警權限分配問題中的矛盾才會更明顯地表現出來。如果不明原因集聚性感染的公共衛生事件發生在境外，那麼會給本地一定的緩衝準備時間。目前澳門特別行政區還

13　《中華人民共和國傳染病防治法》（中華人民共和國主席令第 5 號）第三章。

14　《中華人民共和國醫師法》（中華人民共和國主席令第 94 號）第 45 條。

未發生過本地的不明原因集聚性感染的重大傳染病事件，因此澳門對此類問題還沒有充分關注，但現代社會交流日益緊密，人類逐漸形成命運共同體，任何國家或地區都無法在突發性公共事件中獨善其身。所以澳門有必要在疫情事件中總結經驗，考慮預警權的權限分配問題。

二、預警權限分配問題的制度梳理和法律構架分析

本文多次提及「預警權」，那麼「預警權」究竟是什麼意思呢？「預」，在《新華字典》裏有兩種含義，一是預先、事先，二是參與。[15]「警」，在《新華字典》裏有三種含義，一是注意可能發生的危險，二是需要戒備的危險事件或消息，三是敏銳的感覺。「預警」在本文可以理解成對可能發生的危險事件預先對公眾發出注意、戒備或警告。預警主要的基本原則是及時性原則和審慎性原則，主要特點是發佈時間快、發佈信息準。

預警權的「權」究竟是「權利」還是「權力」，這值得探討。「預警」一詞雖然最早起源於軍事，隨後逐步應用到政治、經濟、社會、自然等多個領域，但「預警」所指的行為是對危險作出反應的一種本能，即人類的預警行為很早就存在。早在原始社會，人類還處於群居生活，人類為了躲避或抵禦猛獸等威脅生存的事物，基本上有預警能力的人都要提供預警，讓部落中的人們做好防禦外敵的準備。因此每個有預警能力的人都有發出預警的話語權。同時為了部落的發展，人們發現威脅後也必須發出預警，此時的預警既是一種權利又是一種義務。隨著生產力的發展，人們逐漸成立政府。統治型政府率先產生，有嚴格的等級制度，例如專制主義中央集權的皇帝制，其基本特徵是

15　參見《新華字典（第 10 版）》，北京：商務印書館 2004 年版，第 589 頁。

「事在四方，要在中央」，將國家主要政治權力高度集中到皇帝手中，皇帝擁有最高的、唯一的、絕對的皇權；生活在皇帝統治下的人和萬物以及土地，都看作為皇帝的私有財產。[16] 在這種情況下，預警對象是皇帝而非群眾，因此此時的預警並不是本文所研究的「預警」。隨著文藝復興、工業革命、啟蒙運動等一系列解放雙手、解放思想的運動，政府模式從統治型政府變成管理型政府。管理型政府主要承擔保護者和守夜人的角色，即保護職能和干預職能，必須保障國內的秩序與安全。在這段時期，人們發現過分自由的權利反而會影響國家發展，政府干預反而能增進社會的利益，因此此時的人們非常信任政府並自發地限縮自己的權利，或賦予政府同等權力。例如人們發現錯誤地使用預警，會造成社會恐慌，基於社會穩定考慮，為了公共利益，人們將預警權賦予政府並放棄或部分保留自己的預警權，預警權從權利變成權力。到後工業時期，也就是現代社會，管理型政府的弊端逐漸暴露出來：過分地介入市場和社會，使政府職能無限膨脹，政府的權力無限擴大。這類政府逐漸無法適應人們的需求，雖然目前還未形成統一的政府類型，但普遍將政府的部分權力歸還社會和市場，政府主要是提供維護性和社會性公共服務的思想已經深入人心 [17]，例如英國梅傑（John Major）政府的公民憲章運動、中國內地的服務型政府建設等，本文將這類政府統稱服務型政府。艾森施塔特（Eisenstadt）認為，在所有的現代國家中，即在經歷了某些社會經濟變化的國家中（包括民主國家和獨裁國家），政府的基本「合法性」是建立在統治者為被統治者的利益服務這個主張之上的。[18] 同時，人們也發現政府

16　參見趙慶雲：〈試論中國封建社會的主要特點〉，中國歷史研究院網，http://cah.cssn.cn/kygl/xscg/202108/t20210826_5355859.shtml#:~:text=%E5%B0%81%E5%BB%BA%E7%A4%BE%E4%BC%9A%E5%BD%A2%E6%80%81%E7%9A%84%E6%9C%AC,%E5%AF%B9%E5%86%9C%E6%B0%91%E5%AE%9E%E8%A1%8C%E5%89%A5%E5%89%8A%E3%80%82（最後訪問時間：2022 年 6 月 6 日）。

17　參見張康之：〈限制政府規模的理念〉，《行政論壇》2000 年第 4 期，第 9-10 頁。

18　參見〔美〕S·N·艾森施塔特：《帝國的政治體系》，閻步克譯，貴陽：貴州人民出版社 1992 年版，第 104—105 頁。

並不是萬能的，大多數情況下，政府需要藉助社會的力量來履行政府義務。例如對突發公共衛生事件的預警，政府不是第一時間接觸人，同時政府也沒有判斷是否是公共衛生事件的能力，所以政府需要藉助醫療機構、醫生等專業人員的力量來確認是否存在公共衛生事件。如果僅通過政府預警，往往會因存在較長確認公共衛生事件的時間而耽誤對事件的管控，導致預警無法達到真正的預警效果，因此研究政府預警權力下沉的問題成為熱點問題。

　　預警的發佈表現出從最初的自由到受限制再到相對自由的特點，體現預警權的「權」在不同時間有不同含義，是從私權到公權再到公私混合。私權的特點是法無禁止即可為，是在不違反法律法規的前提下和在公民意志下的行為自由；而公權（或稱權力）的特點是法無允許即禁止，是一種賦予，需要在規定的範圍內行使。那麼公私混合的好處是將私權中的「禁止」與公權中的「允許」銜接起來，讓政府去做私主體無法做的事情。因此，政府要不要下放預警權力（即權力下沉）和公眾發現重大傳染病事件後及時發聲（即私權保留）的問題殊途同歸，前者是從上到下的角度，後者是從下到上的角度，但二者最終都是為了政府與公共和私人實體之間預警權限的銜接。

　　澳門最早的與防災、減災、救助相關的法律是第 72/92/M 號法令，其主要內容是面對自然災難和其他性質災難的民防行動制度。但由於該法令規定的客體（嚴重意外、災禍、災難）[19] 已經不適用於當今社會，因此在 2020 年，新法《民防法律制度》（第 11/2020 號法律）取代該法令。[20]《民防法律制度》規定的客體是突發公共事件 [21]，公共衛生事件包含其中；[22] 並將突發公共事件劃分為一般、預防、即時預

19　第 72/92/M 號法令，第 1、2 條。

20　《民防法律制度》（第 11/2020 號法律）第 31 條。

21　《民防法律制度》（第 11/2020 號法律）第 3 條。

22　《民防法律制度》（第 11/2020 號法律）第 7 條。

防、搶救、災難等五個狀態[23]，民防行動在不同狀態下有不同規定；將聯合行動具體化，並增加預警條款。[24] 與《民防法律制度》共同適用的法律文件還有《民防法律制度施行細則》（第 31/2020 號行政法規）（下文簡稱《細則》）和《民防總計劃》。《細則》取代了 2009 年頒佈的《澳門特別行政區 —— 突發公共事件之預警及警報系統》（第 78/2009 號行政長官批示）（以下簡稱《預警》）。[25] 但不可否認的是，《預警》是一次重大的突破，規定了民防需要設有一個預警及警報系統[26]，但有預警能力的是具有相關權力及權限的機構或部門。[27]《細則》則根據《民防法律制度》規定了預警實體[28]，預警發佈後程序[29]和特別預警系統[30]，讓預警制度更加系統與完善。《民防總計劃》是根據《民防法律制度》和《細則》編寫的一份計劃，是民防規劃的組成部分。[31]《民防總計劃》明確規定了民防體系（見下圖 2.2.1），並規定了公共實體和私人實體。[32]

現行法律法規規定，在一般或預防級別狀態時，保安部或經行政長官指定的公共及私人實體在其職責範圍內先行公開發佈預警，並盡快通知警察總局；在即時預警或更高級別狀態，警察總局發佈預警；若屬於不可預測的突發公共事件，預警應自事件發生後盡快發

23　《民防法律制度》（第 11/2020 號法律）第 8 條。

24　《民防法律制度》（第 11/2020 號法律）第 17 條。

25　《民防法律制度施行細則》（第 31/2020 號行政法規）第 35 條第 1 款：廢止第 78/2009 號行政長官批示。

26　《澳門特別行政區 —— 突發公共事件之預警及警報系統》（第 78/2009 號行政長官批示）第 3 條。

27　《澳門特別行政區 —— 突發公共事件之預警及警報系統》（第 78/2009 號行政長官批示）第 1.5 條。

28　《民防法律制度》（第 11/2020 號法律）第 10 條，《民防法律制度施行細則》（第 31/2020 號行政法規）第 6 條。

29　《民防法律制度施行細則》（第 31/2020 號行政法規）第 7 條。

30　《民防法律制度施行細則》（第 31/2020 號行政法規）第 8 條。

31　《民防總計劃》第 1.1 條。

32　據《民防總計劃》附件 A1，公共實體有民航局、仁伯爵綜合醫院、郵電局、海事及水務局、交通事務局、教育及青年發展局、環境保護局、土地工務運輸局、旅遊局、新聞局、市政署、社會工作局、房屋局、地球物理暨氣象局、衛生局；私人實體有澳門電力股份有限公司、西灣大橋管理公司、澳門電訊有限公司、澳門紅十字會、鏡湖醫院、澳門自來水股份有限公司、澳門廣播電視股份有限公司。

佈。根據緊急情況範疇及責任一覽表中的規定，有關公共衛生事件的一般責任主體是衛生局。[33] 因此，一般或預防級別狀態的公共衛生事件，有權預警的主體是衛生局；即時預警或更高級別狀態的公共衛生事件，有權預警的主體是警察總局。但具體到本次新冠疫情，有權對疫情作出預警的主體是新型冠狀病毒感染應變協調中心（下文簡稱「協調中心」）。[34] 協調中心是根據第 23/2020 號行政長官批示設立的，其直接隸屬於行政長官，「負責全面規劃、指導和協調各公共及私人實體關於預防、控制和治療新型冠狀病毒感染的工作」[35]，代替衛生局或警察總局發佈預警的工作。

　　無論是一般的公共衛生事件還是目前的新冠疫情，無論是一般或預防級別狀態還是即時預警或更高級別狀態，預警權掌握在政府手中。雖然鏡湖醫院作為民防體系中的私人實體，但相關法律法規並沒有賦予其預警權；而其他醫療機構或個人，均未被《民防總計劃》提及，因此並不符合《細則》所規定的預警主體，即沒有預警權。因此，在澳門，非政府機構或個人不能給突發公共衛生事件發佈預警信息，非政府機構或個人沒有預警的權利。綜上所述，目前在澳門，預警權仍處於政府壟斷的狀態中。

三、預警權限分配問題的理論模式梳理

（一）權力下沉理論

1. 政府壟斷模式

　　權力下沉理論是從公權的角度出發，根據政府是否將發佈預警權力下沉到非政府機構或個人的情況分為政府壟斷模式和混合權限模

33　《澳門特別行政區 —— 突發公共事件之預警及警報系統》（第 78/2009 號行政長官批示）第 4.4 條。《民防法律制度施行細則》（第 31/2020 號行政法規）第 35 條第 2 款。

34　第 23/2020 號行政長官批示第 1、6 條。

35　第 23/2020 號行政長官批示第 1、3 條。

式。政府壟斷模式是指只能由有相關應急管理職能的政府部門作出，既不允許政府部門越權預警，也不允許一般的單位和個人隨意發佈應急預警信息。

　　政府壟斷模式是被絕大多數國家採納並認可的模式，其主要原因有兩點，一是政府能力優於非政府機構或個人，二是方便管理。「政府是社會的核心治理者，政府的自身性質、組織結構、職能配置和價值導向對社會進步和經濟發展起著決定性的作用」[36]，所以政府擁有非政府機構或個人無法擁有的能力。政府能力包含獲取資源的能力和行動能力[37]，在緊急情況下，政府可以徵收、徵用，或者宣佈採取緊急措施，例如封城[38]、進入戰時狀態[39]或即時預警狀態[40]等，並能夠迅速作出應急反應，同時可以依靠公安機關保障緊急措施正常運行，這些權力和手段，非政府機構或個人是沒有的，也是不被允許的。方便管理主要是指對預警信息的管理，確保預警信息準確，防止謠言對公眾的影響，並保障預警信息發佈的權威性。僅政府發佈預警信息，政府只需要自己負責；但如果授權給非政府組織、志願者機構等社會力量，政府還要保障社會力量的預警信息的準確性，因此政府需要對他們進行培訓，制定相關法律法規進行約束，防止他們在傳播時故意發佈虛假警情或故意誇大、縮小警情，避免有人趁機造謠惑眾[41]，所以授權給社會力量會增加政府的負擔。

36　參見施雪華：〈「服務型政府」的基本含義、理論基礎和建構條件〉，《社會科學》2010 年第 2 期，第 3 頁。

37　參見童文瑩：《中國突發公共衛生事件管理模式研究》，北京：社會科學文獻出版社 2012 年版，第 6 頁。

38　《中華人民共和國傳染病防治法》（中華人民共和國主席令第 5 號）第 43 條。

39　〈天津：迅速進入戰時狀態〉，載微信公眾號「人民日報」，2020 年 11 月 8 日（最後訪問時間：2022 年 6 月 9 日）；《東寧市新冠肺炎疫情應急防控工作指揮部通告（第 27 號）》，東寧市政府，https://www.dongning.gov.cn/index.php/cms/item-view-id-59239.shtml（最後訪問時間：2022 年 6 月 9 日）。

40　《民防法律制度》（第 11/2020 號法律）第 9 條。

41　參見〈應急管理概論（九）監測與預警〉，湖南省生態環境廳網，http://sthjt.hunan.gov.cn/sthjt/xxgk/zdly/yjgl/zyzs/201112/t20111228_4667147.html（最後訪問時間：2022 年 6 月 10 日）。

政府壟斷模式是隨著歷史的發展而產生的，當從統治型政府轉變成管理型政府時，政府就具備保護者和守夜人的角色，需要保障社會的秩序與安全。社會契約論認為「政府是通過人民訂立契約建立的，其宗旨和目的在於保障人民的自由和權利，維護公共利益」[42]。此時，政府在必要時需要統籌規劃、需要一定的權威來方便管理秩序和安全，以及提高人們對政府的信任；另外人們也發現沒有限制的言論自由會產生虛假信息或因人們對事件看法不同導致誇大或縮小事情的嚴重性，嚴重影響對突發公共衛生事件的判斷，因此將發佈預警信息的能力賦予給政府。政府通過對資源獲取能力和行動能力，能夠將各地區的信息進行匯總，通過大量的數據保障預警信息更貼合突發公共衛生事件的發展情況。所以政府壟斷模式有以下優勢：預警信息由政府發佈，信息真實可靠；預警主體單一，不會出現預警信息不一致的狀況，不會增加群眾因預警信息混亂而產生的恐慌；政府在發佈預警信息時，會謹慎作出預警級別並及時作出民防行動，不會造成社會混亂。但政府壟斷模式並不是完美的，現如今此模式的劣勢也逐漸明顯。發現公共衛生事件的主體一般是醫生或者是醫療機構，醫療機構將可能存在的公共衛生事件上報政府後，政府需要進行風險的識別、評估及預測，然後作出預警信息。這個過程所消耗的時間要遠遠大於醫生或醫療機構發現公共衛生事件後立即向社會發出預警的時間，如果公共衛生事件具有極強的傳染性，那麼政府發佈的預警信息已經無法將預警效果最大化。

　　目前，在突發公共衛生事件採取政府壟斷模式預警的國家或地區還是比較多的，但由於不同國家的國情不一樣，政府壟斷模式表現出的形式也不一樣，例如美國採取「聯邦—州—縣（市）」的基本

42　參見施雪華：〈「服務型政府」的基本含義、理論基礎和建構條件〉，《社會科學》2010 年第 2 期，第 5 頁。

架構；[43] 印度採取國家、邦、縣、區均設立管理機構，以邦為核心，中央負責協調資源的支持工作；[44] 俄羅斯採取以聯邦衛生部主導，聯邦、區域、州、地方和定點協調管理的模式。[45] 雖然形式不同，但最終目的都是希望讓預警又快又準。

2. 混合權限模式

混合權限模式指政府還未發佈預警信息前，由政府指定的相關機構或個人對公共衛生事件進行預警。混合權限模式有廣義和狹義之分。狹義的混合權限模式是指當政府介入後，相關機構或個人不得繼續向社會發佈預警信息，即臨時下放；廣義的混合權限模式是指政府介入後，相關機構或個人仍可以繼續向社會發佈預警信息。混合權限模式是在政府壟斷模式的基礎上發展而來的。隨著人們不斷應對突發公共衛生事件，政府壟斷模式中的及時性問題逐漸顯現，有一部分國家或地區選擇設立新制度、新程序來彌補及時性問題；還有一部分國家或地區選擇將一部分預警權力下沉至非政府機構或個人等私主體，藉助社會的力量來彌補及時性的問題，那麼就產生了混合權限模式。混合權限模式也體現政府的變化，即從管理型政府轉變成服務型政府。這類政府的職能核心是社會服務，提倡公民參與並健全公民參與機制，與公民之間存在平等合作的新型互動關係。[46] 混合權限模式比政府壟斷模式下的預警更加迅速，因為該預警是在政府評估前，而政府壟斷模式的預警是在政府評估後。但同時混合權限模式的問題也顯而易見，例如如何對相關機構或個人的管理問題，對相關機構或個人預警信息的糾錯或及時更正問題；廣義的混合權限模式還會因發佈預

43　參見孫梅：《危機管理：突發公共衛生事件應急處置問題與策略》，上海：復旦大學出版社 2013 年版，第 157 頁。

44　參見王茂濤：《政府危機管理》，合肥：合肥工業大學出版社 2005 年版。

45　參見楊開忠：《國外公共衛生突發事件管理要覽》，北京：中國城市出版社 2003 年版。

46　參見施雪華：〈「服務型政府」的基本含義、理論基礎和建構條件〉，《社會科學》2010 年第 2 期，第 3-4 頁。

警信息主體不一致導致預警信息不一致的問題。所以，混合權限模式與政府壟斷模式相比，前者在一定程度上減少了審慎性。

但混合權限模式並不是完全拋棄審慎性，在突發公共衛生事件中採取這一模式的國家或地區將權力下沉的私主體限制在醫療機構或醫生，即除了醫療機構醫生以外，其他私主體仍然沒有預警權；除此之外，醫療機構仍然受政府相關單位的指導。例如英國的公共衛生應急處置組織結構體系中，英國的突發公共衛生事件管理是以衛生部和國民醫療服務體系為主導的從中央到地方的垂直管理體系，地方醫療機構僅接受衛生部的決策，不受地方政府的管理；另外地方醫療機構具有高度自治權，負責發現、報告、跟蹤、診斷治療，其中流動醫療救護局負責突發公共衛生事件的發病評估、預警、鑒定、管理和協調等活動。當地方突發公共衛生事件報告到衛生部後，首席醫療官會與衛生部執行主管合作，負責下達預警指令、協調必要的跨部門行動。[47] 又例如日本，當突發公共衛生事件發生時，中央政府部門、地方政府和指定公營企業及其他指定單位執行發佈預警、建議或命令。但日本私主體發佈預警信息與英國的不同，日本的私主體沒有高度自治權，因此日本私主體在政府發佈預警後受政府領導。[48] 所以，英國是廣義的混合權限模式，日本是狹義的混合權限模式。它們或通過部門之間的快速協調，或通過政府介入後受政府領導等方式，做到對預警信息的糾錯或及時更正，做到預警信息的統一，以此保障預警快速發佈的同時，保障預警信息的準確。

47　參見孫梅：《危機管理：突發公共衛生事件應急處置問題與策略》，上海：復旦大學出版社 2013 年版，第 173-175 頁。

48　參見張學棟主編：《政府應急管理體制與機制創新》，北京：社會科學文獻出版社 2012 年版，第 23-25 頁。

3. 小結

目前大多數學者從權力下沉角度研究預警權限分配問題[49]，大多數學者支持混合權限模式，但並沒有對混合權限模式進行廣義和狹義的區分。筆者在政府壟斷模式和混合權限模式中，更傾向於混合權限模式，因為在政府壟斷模式中，政府信息的權威性導致時間問題是無法克服的缺陷，不能滿足預警及時性原則。而在廣義的混合權限模式和狹義的混合權限模式中，筆者更傾向狹義的混合權限模式，因為在廣義的混合權限模式中，可能會出現預警信息不統一的情況，不能滿足預警準確性原則。而狹義的混合權限模式所面臨的問題，可以根據設立相關制度解決，體現預警及時性與審慎性的基本原則。

（二）私權保留理論

1. 不保留模式

私權保留是從私權角度出發，根據私主體在突發公共衛生事件中有無發表預警的言論自由的情況可以分為完全無言論自由（即不保留模式）、完全有言論自由（即普遍保留模式）和部分言論自由（即專業人員保留模式）。不保留模式是指除了相關政府部門，任何非政府組織或個人不得向社會發佈預警信息，或者說任何非政府組織或個人沒有預警權。

政府壟斷模式是從政府到公眾角度，以公共利益為理論基礎；而不保留模式是從公眾到政府的角度，以言論自由為理論基礎。言論自由雖然是每個人的基本權利，但也是被限制最多的基本權利，例如不能辱罵、誹謗他人，不能散播謠言等，其原因是無限制的言論自由

49　知網中以「突發性公共衛生事件」和「預警」兩個主題檢索共找到 105 篇文章，除此以外，還有各種相關主題的書目，例如孫梅《危機管理：突發公共衛生事件應急處置問題與策略》，鍾開斌《風險治理與政府應急管理流程優化》，郭新彪、劉君卓主編《突發公共衛生事件應急指引》，曹豔春、余飛躍等編《突發公共衛生事件下公共政策比較與創新》等。

會侵犯其他基本權利，例如辱罵、誹謗他人侵犯他人的名譽權[50]，散播謠言侵害公共利益。[51] 在突發公共衛生事件中，人們很容易被一些敏感信息所影響，也會有一些人趁機造謠生事[52]，加重社會不穩定的局面。又因為謠言具有信息性、不確定性、公共性和傳播性[53]，再加上「在群體中每種感情和行動都具有傳染性，並造成了群體易於接受暗示的表現，通過相互傳染的過程，會很快進人群體中所有人的頭腦，群體感情的一致傾向會立刻變成一個既成事實」[54]，基於謠言通俗易懂和共有知識，也會導致謠言的爆發[55]，加重社會恐慌局面。因此，為了防止此類現象的發生，減少因謠言帶來的成本，人們將預警權交由政府，由政府發佈統一預警信息。

雖然不保留模式和政府壟斷模式所依據的基本原理不同，但不保留模式的最終效果與政府壟斷模式的最終效果是趨同的，從實踐中是政府單方發佈預警，從法律的角度是突發公共衛生事件的預警只能由負有相應應急管理職能的政府部門作出。[56] 那麼不保留模式的優點和缺點、需要解決的問題基本相同，在此不過多贅述。

2. 普遍保留模式

普遍保留模式是指任何人、任何組織均可行使預警權，可以向社會發佈預警信息。普遍保留模式與不保留模式相比是完全相反的兩個模式，該模式在現代國家非常少見，有以下原因：第一，從突發公共衛生事件的性質的角度看，突發公共衛生事件具有隱蔽性，因此如

---

50 《中華人民共和國民法典》（中華人民共和國主席令第 45 號）第 1024 條。

51 《互聯網信息服務管理辦法（2011 年修訂）》（中華人民共和國國務院令第 588 號）第 15 條。

52 不完全統計，2020 年 1 月 20 日至 3 月底，謠言總計 2498 條。參見〈疫情謠言數據報告〉，澎湃新聞網，https://www.thepaper.cn/newsDetail_forward_7023909（最後訪問時間：2022 年 6 月 18 日）。

53 參見李大勇：〈謠言、言論自由與法律規制〉，《法學》2014 年第 1 期，第 101 頁。

54 參見〔法〕古斯塔夫·勒龐：《烏合之眾：大眾心理研究》，馮克利譯，北京：中央編譯出版社 2011 年版，第 20、21、28 頁。

55 參見李大勇：〈謠言、言論自由與法律規制〉，《法學》2014 年第 1 期，第 101 頁。

56 參見〈應急管理概論（九）監測與預警〉，湖南省生態環境廳網站，http://sthjt.hunan.gov.cn/sthjt/xxgk/zdly/yjgl/zyzs/201112/t20111228_4667147.html（最後訪問時間：2022 年 6 月 10 日）。

果沒有專業儀器和知識背景，一般無法作出正確的預警；第二，從社會穩定性的角度看，普遍保留模式具有嚴重的不確定性，再加上一國內或一地區內人口眾多，如果政府不對預警加以限制，那麼很有可能出現故意發佈虛假警情或故意誇大、縮小警情，或因個人認識不同導致的篡改信息[57]，這些都會影響社會穩定性；第三，從政府管理角度看，普遍保留模式會增加政府管理成本，政府需要對發佈的預警信息作出及時回應，這就意味著政府需要派出相關人員到預警信息的區域進行評估、鑒定和對預警信息作出認可或修正或取消，防止預警信息造成社會恐慌，但隨著互聯網的普及，發佈信息輕而易舉，這將會導致政府無法對所有的預警信息作出及時回應，如果因此造成社會恐慌，政府不僅需要被動地評估、鑒定預警信息，還要派出人員對慌亂地區進行管理來促使恢復正常秩序。

所以，普遍保留模式的優勢和劣勢也非常明顯，普遍保留模式的優勢是提高人們的風險意識，每個人在發現突發公共衛生事件後都享有發佈預警信息的權利，讓發佈預警更加迅速、快捷。那麼劣勢是，如果不加以限制，那麼預警信息的真實性值得考慮，公共衛生事件可能是故意發佈的虛假信息；也可能因為個人能力有限，無法識別是否是真正的公共衛生事件，從而導致發佈了錯誤的預警信息。無論是哪一種，都將增加政府的工作量，消耗公共資源，因此在這種模式下，要對人們發佈預警信息的內容、方式、責任加以明確，讓預警信息準確、合法。

3. 專業人員保留模式

專業人員保留模式是指在公共衛生事件中，專業人員及時向社會發佈預警信息。在專業人員保留模式中，什麼是專業人員？在公共衛生事件中，專業人員是醫務人員和疾控、醫院、診所等醫療機構，

57　參見李大勇：〈謠言、言論自由與法律規制〉，《法學》2014 年第 1 期，第 102 頁。

其特點是具有豐富的醫學知識，能夠確定是否是公共衛生事件，並確定是哪一類公共衛生事件，同時這些專業人員往往是第一時間接觸公共衛生事件的人。專業人員保留模式是參考了吹哨人制度。吹哨人制度最早產生於美國。[58] 在《吹哨人保護法案》中，吹哨人是指披露欺詐、浪費、濫用或不必要支出費用行為的個人。[59] 現在指先發現違法違規、危險、有問題的信息或行為，向組織內或外進行披露從而拉響警報的人。[60] 專業人員保留模式與混合權限模式相比，專業人員保留模式是法律將言論自由權利歸還於專業人員，讓他們保留為突發公共衛生事件發聲的權利，即預警權來自於言論自由權利，是一種私權利；而混合權限模式是政府賦予專業人員在政府發佈預警前能夠預警的權力，其目的是輔助政府，所以該模式下的預警權來自於政府，是一種公權力。

專業人員保留模式主要是依據接觸突發公共衛生事件的時間和專業人員的專業知識。當發生突發公共衛生事件時，第一時間接觸該事件的是醫務人員或醫院等醫療機構。如果在政府壟斷模式下，當發生該事件時，醫務人員或醫院需要將事件上報，等政府作出評估後才會發佈預警；而在專業人員保留模式中，可以節省上報、政府評估帶來的時間成本，保障預警的及時性。同時，專業人員保留模式能保障預警的審慎性，即便在政府壟斷模式下，政府對突發公共衛生事件的評估也是通過醫務人員的分析作出的，因為這些專業人員具有豐富的醫療知識，醫療機構的儀器也可以幫助他們分析病因，所以專業人員有能力對突發公共衛生事件進行合理預警，可以保證預警信息的準確度。例如新冠疫情剛爆發時期，當人們稱它為不明原因肺炎之前，李文亮醫生就已經通過自己的方式對該事件進行預警，比國家衛健委專

58　Gary Martin, "The meaning and Origin of the Expression: Whistle-Blower", The Phrase Finder, https://www.phrases.org.uk/meanings/whistle-blower.html (last accessed on 3rd May 2022).

59　*Whistleblower Protection Act of 1989*, SEC 2, 5 USC 1201, note.

60　參見彭成義：〈國外吹哨人保護制度及啟示〉，《政治學研究》2019 年第 4 期，第 44 頁。

家組發佈疫情防控緊急升級提前二十多天。

所以，專業人員保留模式有以下優點。第一，保障預警信息的準確性和公信力。專業的醫學知識能夠保障專業人員判斷公共衛生事件發生的可能性和危害性，群眾和政府可以根據其判斷作出相應的應對措施，更準確的應對措施則會帶來更好的應對效果，從而增加群眾對預警信息的信任度，進而更加關注預警信息，並對預警信息作出更快的反應，形成良性循環。第二，減少預警成本。這裏的成本包含時間成本、應對措施成本等。時間成本指政府對預警信息的審核，是否需要對預警信息進行糾錯或及時更新。專業人員發佈的預警信息可以通過病例取證，也可以通過病例大體估算公共衛生事件的傳播速度。應對措施成本是指相關部門和公眾根據預警信息採取應對措施所產生的成本，包括但不限於購買物資費用、倉儲費、人力、物力等資源成本。如果預警信息有效，那麼應對措施會發揮其實際作用；如果預警信息無效，那麼應對措施所消耗的成本就很難實現預期的預警效果，從而導致資源的浪費。專業人員保留模式具有天時（第一時間接觸突發公共衛生事件），地利（醫院等醫療機構具有專業的醫療器具，輔助醫生識別病情），人和（醫生的專業知識）的優勢，在確保預警信息準確度的同時，可以將預警信息快速公開，符合預警審慎性原則和及時性原則。

目前，採取這種模式的國家或地區的數量很少。有一部分原因是一些國家採取混合權限模式，雖然權力的來源不同，但最終呈現的效果、專業人員與政府間的衛接程序大體一致。但依然有國家採取專業人員保留模式，例如我國經歷本次新冠疫情的洗禮後，在今年 3 月 1 日《醫師法》正式生效，這標誌著醫師有權發佈預警信息，醫師發佈的預警信息受到法律的認可 [61] 和保障 [62]。

61　《中華人民共和國醫師法》第 45 條第 2 款。

62　《中華人民共和國醫師法》第 48 條。

在不保留模式、普遍保留模式、專業人員保留模式中，都存在各自的優勢和劣勢，但筆者更傾向於專業人員保留模式。專業人員的專業知識和其第一時間接觸公共衛生事件，讓專業人員有預警優勢；另外，對專業人員的管理、監督成本要低於普遍保留模式下的成本，減少謠言或錯誤信息的產生。這兩個優勢不僅讓專業人員保留模式更具有合理性，還可以滿足預警及時性與審慎性的基本原則。

四、澳門特區重大傳染病事件預警權限分配模式的優化與建議

從澳門目前現行的法規範看，澳門是採取僅由政府發佈預警信息，即政府壟斷模式。政府壟斷模式在應對已知的重大傳染病事件問題時，基本可以及時防控，例如我國通過網路直報系統捕捉到了很多傳染病情況，及時有效地發現了禽流感、鼠疫等傳染病問題，然後治療病人，就沒有傳播開；但面對未知的突發公共衛生事件時，往往會因評估和預測等因素影響發佈預警信息的時間，導致疫情擴散，例如本次新冠疫情、甲型 H1N1 流感等，這是政府壟斷模式不可避免的弊端。目前澳門並未發生本土產生的未知的突發公共衛生事件的情況，那麼是否意味著預警模式不用改變？吉登斯（Anthony Giddens）認為風險是隨著現代化發展產生的，這就意味著目前不發生不代表未來不發生。在眾多大流行和傳染病的考驗下，人們要麼自我反思，要麼借鑒他人，最終都是為了完善預警機制。所以本次新冠疫情中暴露出政府壟斷模式預警機制的問題，澳門需要引以為戒，未雨綢繆，探索新的預警模式。

在五種模式中，混合權限模式中的臨時下放模式和專業人員保留模式最能平衡預警及時性和審慎性。澳門突發公共事件的民防組織實體包含經行政長官指定的公共及私人實體，並規定在一般或預防狀

態級別時這些主體在其法定範圍內先行發佈預警信息。具體到突發公共衛生事件，相關政府部門是衛生局，公共及私人實體是鏡湖醫院；有預警能力的是衛生局，鏡湖醫院並沒有賦予先行發佈預警的權力。所以，從澳門現有法律和民防體系來看，臨時下放模式更加趨近澳門現有預警機制，引進該模式更容易融入澳門現有的預警機制，因此臨時下放模式比專業人員保留模式更加合理、正當。

改變一個已經存在的模式，可能會出現新模式帶來的法律漏洞。臨時下放模式可能會帶來以下問題。第一，需要明確哪些級別的醫療機構具備預警能力。目前私人衛生單位[63]有三個，分別是鏡湖醫院、科大醫院和澳門銀葵醫院，這些單位具有專業的全面的醫療器械，具有內科、外科、婦產科、兒科、中醫科等基本專科專案以及龐大的醫療團隊；衛生護理服務場所[64]共計435所，僅有有限的專業醫療器具和少數醫生。從專業性、接觸病例數量和管理機制的角度，私人衛生單位更有能力承擔預警重任。目前鏡湖醫院已經是民防體系中的私人實體，科大醫院和澳門銀葵醫院是否有必要授權呢？與鏡湖醫院相比，科大醫院在專科專案上缺少康復科，病床數量上缺少799張，醫療人員上缺少809人；澳門銀葵醫院在專科專案上缺少康復科和骨科，病床數量上缺少851張，醫療人員上缺少1,021人。這些數據側面反映出接觸病例數量以及醫院的綜合實力，因此科大醫院可以成為民防體系中的私人實體，但澳門銀葵醫院沒有必要授權。第二，需要明確預警信息發佈平台。預警信息必須覆蓋所有受到影響的公眾，所以要運用現代化的信息手段，如廣播、電視、互聯網、手機等；也要特別關注弱勢群體，如鰥寡孤獨者、殘疾人、語言不通的外國人、老人、婦女、兒童等。所以，私人實體在發佈預警信息時，不

63　資料來源：澳門特區衛生局網站 —— 服務 —— 網上服務 —— 牌照註冊資料查詢 —— 私人衛生單位，https://www.ssm.gov.mo/portal/（最後訪問時間：2022年6月19日）。

64　資料來源：澳門特區衛生局網站 —— 服務 —— 網上服務 —— 牌照註冊資料查詢 —— 衛生護理服務場所，https://www.ssm.gov.mo/portal/（最後訪問時間：2022年6月19日）。

僅要通過自己的官方的社交平台發佈預警，還要結合各類媒體發佈。第三，需要考慮預警後如何避免可能發生的社會恐慌。先行發佈的預警信息一般具有突發性的特徵，這表明政府、公眾、社會各界都沒有充分的準備，因此很容易造成社會恐慌。先行發佈的預警信息還具有不確定性的特徵，如果發生的是未知的疾病，其傳染性、毒性、致死率都是未知的，都需要花費一定的時間來判斷，如果等判斷後才發佈預警，這與政府發佈預警的時間沒有區別，所以先行發佈的預警信息是在傳染性、毒性、致死率未知的情況下發佈。因此，先行發佈預警信息的文字表述要格外嚴謹，以此降低人們的猜想，同時還需要人們配合預警中的防疫措施。第四，需要考慮預警後如何與政府對接。目前澳門現行法規定，先行發佈預警信息後要儘快通知警察總局，那麼在臨時下放模式下，先行發佈預警信息後要儘快通知衛生局和警察總局，通過衛生局將預警信息傳遞給各個醫療機構，提高他們的警惕性，還可以調動醫療機構的資源，儘快識別病情、評估傳染性、毒性、致死率以及是否需要撤銷、變更先行發佈的預警信息。當衛生局發佈正式的預警信息後，私人實體不得繼續向社會發佈預警信息，而是要以衛生局發佈的預警信息為準，配合聯合行動。[65] 當正確規範這四個問題所對應的法律漏洞後，臨時下放模式的預警機制將發揮其真實作用，滿足預警及時性和審慎性特徵，並避免或者減輕突發事件所造成的損害。

---

65 《民防法律制度》（第 11/2020 號法律）第 17 條。

第二節

澳門特區重大傳染病事件強制隔離權限分配問題

◇◇◇

▎一、強制隔離權限分配問題的背景探究

近些年來，各種突發公共衛生事件不斷影響著生活和社會的正常秩序。從 2003 年突發的傳染性非典型肺炎（SARS）疫情、到禽流感、豬流感，再到 2020 年初，新型冠狀病毒席捲世界。這些突發的公共衛生事件對於澳門特別行政區都是一個不小的挑戰。由於突發公共衛生事件有著緊迫性、突發性、不確定性等特點，所以當國家面對這些突發事件時，單純依靠公民或是社會組織進行解決似乎不太可能，所以應由特定的機構或者組織依職權主動採取相應的措施，保障公眾權利免受侵害。而在現行法律當中，隔離是適用頻率最高，也是防疫效果較好的一種手段。隔離便是指用物理方式將健康人群和風險人群分隔開。而隔離的本質，便是人類學會了在面對傳染疾病時，以政府和社會為單位，有組織、理性、科學地進行防禦。如在應對此次新冠疫情防治中，政府對於確診患者、密接患者、次密接患者採取的隔離措施，對於之後的防控工作意義是巨大的。但是隔離措施一旦實施，便意味著在一定程度上對公民的人身自由進行限制。所以，從本質上來看，實施隔離便是在一定程度上限制公民人身自由的行為。但現存的相關法律法規對該方面的主體設定較為單一，導致在應急狀態

下可能會產生理論與實踐當中的分歧。以此次新冠疫情為例，在新冠肺炎防治過程中，通常醫療機構作為防治工作的前線主體，根據現行法律規定，醫療機構不具有隔離權，但其對發現確診病例或是疑似病例之後是否要對其進行隔離，相較於現行法律中所規定的行政主體似乎更具有專業性，且也可以提高防控效率，防止疫情進一步蔓延，所以是否可以考慮在一定情況下將應急隔離決定權下放至醫療機構。但也有人表示將該權力賦予醫療機構是否會導致權力濫用，損害公民的基本權利。如在 2009 年，我國衛生部發佈第 8 號公告將甲型 H1N1 流感納入《傳染病防治法》中的乙類傳染病，採取甲類傳染病管理。[1] 廣州市民姚某發燒，擔心自己患上甲流，便到廣州市第八人民醫院就診。醫生懷疑姚某患有甲流，當即決定將其實施隔離觀察，三天後，該醫院稱其並未患有甲流，可以解除隔離，但需要支付在此期間的費用，共計 2,200 元。但姚某對醫院的隔離方式和隔離產生的費用表示不認同，遂與醫院發生分歧。結合現行法律規定以及以往實踐經驗，在重大傳染病事件發生時，無論是在澳門特別行政區還是在中國內地，醫療機構能否享有應急權都有待商榷。故本文以新冠疫情為例，研究在突發公共衛生事件時，應急隔離權的主體是否應該進行豐富，在該分配過程中如何既確保公民權利能夠受到保護，又能使應急強制措施的實施目的達到最大化的相關問題，即針對在突發公共衛生事件中應急隔離權應如何分配的問題展開研究討論。

《澳門特別行政區傳染病防治法》第 14 條第 1 款規定，對感染傳

1　《傳染病防治法》第 3 條規定，本法規定的傳染病分為甲類、乙類和丙類。甲類傳染病是指：鼠疫、霍亂。乙類傳染病是指：傳染性非典型肺炎、愛滋病、病毒性肝炎、脊髓灰質炎、人感染高致病性禽流感、麻疹、流行性出血熱、狂犬病、流行性乙型腦炎、登革熱、炭疽、細菌性和阿米巴性痢疾、肺結核、傷寒和副傷寒、流行性腦脊髓膜炎、百日咳、白喉、新生兒破傷風、猩紅熱、布魯氏菌病、淋病、梅毒、鉤端螺旋體病、血吸蟲病、瘧疾。丙類傳染病是指：流行性感冒、流行性腮腺炎、風疹、急性出血性結膜炎、麻風病、流行性和地方性斑疹傷寒、黑熱病、包蟲病、絲蟲病，除霍亂、細菌性和阿米巴性痢疾、傷寒和副傷寒以外的感染性腹瀉病。上述規定以外的其他傳染病，根據其暴發、流行情況和危害程度，需要列入乙類、丙類傳染病的，由國務院衛生行政部門決定並予以公佈。

染病的人或有受到傳染病感染危險的人，衛生當局可採取下列措施，以防止傳染病的傳播：（一）在指定的時間及地點接受醫學觀察或醫學檢查；（二）限制進行某種活動或從事某種職業，又或為進行某種活動或從事某種職業設定條件；（三）按下條規定進行強制隔離。第15條第1款規定，對感染、懷疑感染本法律附表中第一類傳染病的人或有受到該類傳染病感染危險的人，可進行強制隔離。而根據當前流行病學研究發現，隔離是在眾多防疫手段中，用於遏制各類疫情蔓延較為有效的措施。當我國面臨著重大傳染病事件時，行政主體通常會在防治期間，廣泛地開展針對各類人員的防疫隔離措施，這可以為我們取得防疫鬥爭的階段性勝利奠定堅實基礎。但實施隔離措施往往會造成被隔離人員在一段時間內不能與外界接觸，所以不可避免地會限制《中華人民共和國澳門特別行政區基本法》中第28條中規定的人身自由這項基本權利。人身自由作為最重要的權利之一，是公民享有和行使其他權利和自由的前提。但在現行法律規範中，社會意見認為，對於行政強制措施權限問題還處於主體過於單一的狀況，在實踐中可能會存在理論與實踐需求不相符的情況，從而侵犯到公民的基本權利。為此，本文將探討隔離權是否可以臨時性地賦予醫療機構，進一步推動隔離這一措施運用恰當、合法合理，從而保障公民的基本權利，避免損害其人身自由權益。

二、強制隔離權限分配問題的概念分析和梳理

（一）強制隔離措施與應急隔離權概述

本文所探討的應急隔離權是在行政權力範圍內，其來源是行政強制權。行政強制權通常分為行政強制措施和行政強制執行。而本文探討是圍繞著應急隔離權限劃分問題，故只討論行政強制措施的相關要素。在澳門特別行政區的現行法律中，關於行政強制的規定在兩部

法律中有所提及，即《行政程序法典》[2] 和《行政訴訟法典》[3]。《行政程序法典》中主要是設定了關於隔離及其他行政強制措施實施時應該注意的事項及如何讓公民救濟自己的權利，而《行政訴訟法典》中設定的是在訴訟中的相關緊急程序。所以，筆者從相關法律中總結可得，應急強制權的概念，應為為了應對突發事件，政府依職權或是依相對人的申請採取相應的措施，以維護社會秩序，保障公民基本權利。而應急隔離是應急強制中的一種，在流行病學中，隔離是將患有檢疫傳染病和監測傳染病的患者通過一定的行政手段將患者收留在指定的地點，限制其活動並進行治療，直到消除傳染源傳播的危險。[4] 且隔離在辭海中的解釋是一種防止傳染病傳播的措施，其將傳染病診斷病例、疑似病例、健康者分隔開來，互不接觸，其方式包括住院隔離（傳染病醫院、普通醫院隔離病房）、臨時隔離室及家庭隔離、集體隔離等。患者使用和接觸過的物品、排泄物和分泌物等均進行消毒處理。醫務人員對隔離患者進行診療和護理時，需穿戴隔離衣、鞋、帽和口罩等。所以可知，隔離對於在遇到重大傳染病事件時，具有極其關鍵的作用，可以快速遏制事件發展。

隔離第一次出現，是在防治麻風病時期。例如，早在 19 世紀

2　參見澳門特別行政區第 57/99/M 號法令《行政程序法典》第 83 條規定：「一、如有理由恐防不採取臨時措施將對有關之公共利益造成嚴重或難以彌補之損害，有權限作出最終決定之機關得主動或應利害關係人之申請，在程序中之任何階段命令採取必要之臨時措施。二、命令採取或更改任何臨時措施之決定，應說明理由，並定出該措施之有效期間。三、廢止臨時措施，亦應說明理由。四、對命令採取任何臨時措施之決定提起之必要訴願，不中止該措施之效力，但有權限之機關決定中止者除外。」

3　參見澳門特別行政區第 110/99/M 號法令《行政訴訟法典》第 6 條規定了緊急程序：一、下列程序以及其他被法律定為緊急之程序，在假期期間仍進行，而無須事先作檢閱：a）行政行為涉及公共工程承攬合同之形成、繼續供應合同之形成及為直接公益提供勞務之合同之形成時，對該等行政行為提起之司法上訴程序；b）選舉上之司法爭訟程序；c）關於提供信息、查閱卷宗或發出證明之訴之程序；d）與中止行政行為及規範之效力有關之程序；e）與勒令作出某一行為有關之程序；f）與預行調查證據有關之程序；g）與非特定之預防及保存措施有關之程序。二、在緊急程序中，檢察院檢閱卷宗及法院作出裁判之期間分別為五日及七日，但另有特別規定者除外。三、在緊急程序中，辦事處之行為須儘快作出，且優先於其他行為。

4　參見向彥：〈對傳染病防治中強制隔離制度的探討〉，《知識經濟》2014 年第 16 期。

初，澳門特區政府就開始採用隔離的方式來診治麻風患者，並在麻風患者增多的情況下，不斷地擴充隔離醫院，如 1878 年小橫琴島修建白沙欄麻風醫院，1881 年在氹仔島設立女子醫院，1885 年在路環島設立九澳麻風醫院，1897 年在本島設立唐娜瑪麗亞隔離醫院及考慮到當地華人對西醫不信任而在鏡湖醫院對面設立隔離蓬寮等。[5] 這些措施對診治麻風病患效果顯著，也讓澳門當時的患病人數保持在較低水平。

不管是從針對重大傳染病事件的處理速度還是效果上看，應急隔離都是必不可少的行政措施。但從辭海的解釋中，可以看到隔離手段的實施，也必然會在一定程度上限制公民的人身自由。突發的公共事件一般都具有突發性、緊急性等特點，單純地依靠個人或者社會組織將其得以控制，似乎較為艱難，故需要行政權力的介入。所以政府可以在依法行政的前提下，決定對公民採取強制隔離的行政強制措施，從而控制傳染源，傳播途徑等，進而維護社會秩序的穩定發展。這反映了應急隔離的必要性，其應在行使過程中注意權力與權利之間的平衡。

（二）澳門重大傳染病事件應急隔離權現行制度

本節旨在探討行政強制措施中的隔離權限分配問題，故在該段落只羅列有關應急隔離的現行法律規定。澳門特別行政區現行法律中，對於隔離的設定較少。

澳門特別行政區《傳染病防治法》第 5 條第 1 款規定，衛生局及其他主管實體應採取必要的措施，以確保澳門特別行政區擁有良好的衛生環境，避免傳染病的發生或傳播。第 14 條第 1 款規定，對感染、懷疑感染傳染病的人或有受到傳染病感染危險的人，衛生當局可

5　參見鄭亮、陳以樂：〈澳門城市在突發公共衛生事件期間的狀況及對策分析〉，《城市住宅》2021年第 1 期，第 98-103 頁。

採取下列措施，以防止傳染病的傳播：（一）在指定的時間及地點接受醫學觀察或醫學檢查；（二）限制進行某種活動或從事某種職業，又或為進行某種活動或從事某種職業設定條件；（三）按下條規定進行強制隔離。第 15 條第 1 款規定，對感染、懷疑感染本法律附表中第一類傳染病的人或有受到該類傳染病感染危險的人，可進行強制隔離。第 23 條規定，為防止傳染病在澳門特別行政區發生或傳播，僅在下列緊急情況下採取本章所定的措施；這些措施具有例外、臨時及緊急性質：（一）爆發、流行傳染病，又或面臨爆發、流行傳染病的危險；（二）爆發、流行未載於本法律附表的病源或病因不明但懷疑具傳染性的疾病，又或面臨爆發、流行該種疾病的危險。第 36/2021 號行政法規第 4 條中規定：一、為履行衛生局在預防疾病方面之職責，該局局長及由行政長官透過公佈於《澳門特別行政區公報》之指名批示明確委任之衛生局醫生，獲賦予衛生當局之權力。二、上款所指之衛生當局在進行活動時，無等級從屬關係且無需預先經行政或司法程序，並得採取必要措施以預防或消除可能危及或損害個人或集體健康之因素或情況。三、衛生當局亦有職權確保履行與國際衛生事宜有關之規定及義務，以及審議按法律規定應諮詢衛生局意見之卷宗，該等卷宗係關於對工程、設施或設備之清潔、衛生或安全規定之遵守情況。四、第一款所指之醫生在對其作出委任之批示所指之地理區域內，按照衛生局局長之指引行使衛生當局之權力。五、衛生當局之權力屬於不可轉授之權力。從上述條款中可知，在澳門對於隔離決定權主要是由特區政府進行，在必要時可以授權給衛生局。

三、強制隔離權限分配問題理論分析與探究

（一）理論前述

當今現行法律中對進行隔離的決定主體規定較為單一。澳門現

行法律中關於行政主體對公民人身自由限制的規定比較含糊，這就給予行政主體應對突發事件時有更大的裁量權。並且行政權力具有天然擴張性，依據行政法中的平衡理論，通過對政府無限擴張的公權力的控制，能實現對公民權利的保護，使行政主體與行政相對人之間達到平衡狀態。若行政權力未運用得當，便非常容易侵犯到公民的權利。在隔離這樣的行政強制措施中，一般限制的是公民的人身自由權利。而人身自由權利是公民基本權利的重要基礎，所以應在行政權力行使過程中遵從比例原則，將公民的基本權利損失降至最低，並能發揮出行政權力的效果，維護社會的正常秩序。

綜上，在現行法律中有權作為應急權決定主體的通常為政府及衛生局，但是大量的實踐表明，且眾多學者曾指出，在面對重大傳染病事件時，許多醫療機構衝鋒在前，似乎賦予他們作為應急隔離決定權的決定主體更為合適，這樣也能針對重大傳染病事件及時作出反應，在第一時間切斷傳播途徑，為進一步防控工作打下堅實的基礎。故在學界中針對醫療機構是否可以作為應急權的決定主體有著不同的理論看法。

（二）應急隔離權控制說

應急隔離權控制說基於行政權力具有天然的擴張性而建立，且應急隔離的實施會在一定程度上限制行政相對人的人身自由權。《中華人民共和國澳門特別行政區基本法》第 28 條規定，人身自由不容侵犯。公民的人身自由屬於公民的基本權利，受到法律的保護。所以在設定應急權的行政權力主體時也應該更為審慎。通常情況下認為，行政權是「國家憲法和法律賦予的國家行政機關行使法律規範和實施行政行為的權力，是國家權力的一部分」。行政權力的內容和範圍以及程序一般都是由法律明確規定好的，即「法無規定不可為」。早期由於社會事務較為單一，故行政權力也隨之較簡單。而隨著社會的發

展，社會關係日益複雜，社會事務劇增，行政權力的日趨擴張呈必然趨勢。但行政權力的擴張可能會導致自由裁量權不斷擴大，最容易受到侵犯的可能是公民的個人基本權利。而具有行政權的行政主體所受的約束與監督是十分有限的，無法有效地防止權力的異化。故為了避免公民的基本權利受到侵害，控制行政權力，應將行政權力的實施主體儘可能地限縮。不可否認，在重大傳染病事件時實施的行政應急隔離措施中，行政主體所擁有的權力和公民的權利具有極度的不平衡性，公民的人身自由權利受到了較大的影響。該種限制雖然具有一定的合法性與合理性，但對於擁有該項權力的決定主體，仍應進行適當控制。

在重大疫情防控中，應急隔離措施可以有效地防止傳染病的傳播，保護公共安全和社會生活秩序。但是，隔離決定作出時，通常是在緊急情況之下，決定權主體越寬泛，公民的個人權利越有較大幾率會被損害。在澳門，由於人口相對較少，所以對於已經發生的或是為了預防將要發生的傳染病，政府和衛生局都有直接作出行政強制決定的權力，以便有效控制權力擴大，防止損害公民的基本權利。並且有學者也認為，行政應急權不應賦予給醫療機構，是因為由政府或是衛生局決定的制度是一種必不可少的監督審查機制，故該決定權不應下放至醫療機構。

該學說認為醫療機構不適合作為應急隔離決定權主體的另一原因，則是有些醫院不能自己獨立進行隔離觀察，而且大部分時候，醫療機構也不是中立的，在行使權力時並非客觀。這些醫療機構包括公立或私立的醫療機構，他們都屬於市場經濟的一部分，因此，如果要進行隔離觀察，就可能會涉及醫療機構的經濟利益，故其做出決定權時並非完全中立和客觀。而且有些醫療工作人員因其並非行政工作人員，行使行政權力的能力也有待商榷，因此，會缺乏對行政法規中的比例原則、正當程序等的認識，可能難以從法律的角度來審視和判斷

採取限制人身自由措施的適當性。

應急隔離權控制說，要求在嚴格遵守法律保留原則的情況下，立法機關根據應急隔離制度所追求的價值、限制被隔離對象基本權利的方式，以及決定權主體的公立性，來科學界定應急隔離決定權的設定規則，故其在決定權主體設置方面要求更加嚴格，對於將權力下沉到醫療機構還是值得商討的。

（三）應急隔離權常態下放說

應急隔離權常態下放說是基於公共利益至上設定的。對於公共利益，目前尚沒有法律對其進行明確地定義，學界也沒有形成統一認識。但不論在何時、何地，公共利益都是行政權力所力求保護的。在行政法領域中，保護公共利益原則是其立法的根基，現代行政的目的就在於最大程度上實現公共利益，增進公共福利，行政強制等具體行政行為的出現也是基於對公共利益的保護。

在面對重大傳染病事件時，保護公共利益原則是其應遵守的基本準則。在緊急情況當中，行政強制措施的根本出發點就是維護公共利益。並且在該種重大傳染病事件中，首要特點便是時間性，即時間就是生命，故要在第一時間迅速作出判斷，效率的高低會直接影響到公眾生命的挽救和社會秩序的穩定。因此，在突發公共衛生事件中的行政強制措施的正當性基礎來源是對公共利益的保護。

在突發重大疫情中，為了公共利益以及公民個人身體健康的需要，可以將行政強制措施的決定權下放給醫療機構。理由如下：首先，醫療機構對於傳染病的判斷和治療都較為專業，其在傳染病防治中屬於衝鋒陣營、第一防線，如果不賦予其權力對公民採取適當的強制措施，那麼可能會因為沒有及時作出行政應急隔離的決定而未及時切斷傳播途徑，從而危害社會，使接下來的防控工作難上加難。並且雖然澳門已經成立了相應的應變協調中心，負責全面規劃、指導和協

調各部門之間的工作，以應對重大傳染病事件，但實際實踐和應急應變的執行團隊大多都是兼職性質或者臨時編制人員組成，而不是專門機構的全職人員負責。其次，一些應急指揮決策部門或出於上級部門的壓力，或出於醫學專業知識獲取的局限，向醫療機構佈置的疫情防控任務不盡合理，影響疫情防控工作效率，也會導致不能及時有效地控制疫情發展。

因此，法律賦予醫療機構應急決定權是十分必要的，且賦予醫療機構應急決定權也是經過價值衡量以後做出的抉擇。當前，澳門的醫療機構主要分為八類，分別是仁伯爵綜合醫院、衛生中心、疾病預防及控制中心、公共衛生化驗所、捐血中心、私人醫務活動牌照科、醫院藥房及預防及控制吸煙辦公室。但筆者認為並不是所有的醫療機構都有具有應急決定權的權力的資格。在澳門特別行政區，一般大型的公立醫院與私立醫院由於其基礎設施比較完善，醫護人員專業技術水平更強且整體素質相對於其他醫療機構來說也更高，對於甲類傳染病 [6] 的查驗也更加準確，所以，如果能夠賦予他們應急隔離措施的權力，那麼，給公民造成的損害可能也會減少。

應急隔離權常態下放說認為，在行政權力設置的過程中，始終要秉持保護公共利益為標準。在疫情防控中，為了防止錯失防控的關鍵時節，及時切斷傳播源與傳播途徑，將行政權力下沉到位於衝鋒在前的醫療機構，可以更好地保護更多公民的生命健康權，維護社會整體的公共利益與公共秩序。應急隔離權常態下放說在一定程度上解決了在面對突發事件時的專業性和效率性問題，但其中仍存在較大風險。應急隔離權本質上應是行政權力，其行使主體應是行政主體，而醫療機構在現在學術界的普遍認為中仍不屬於行政主體，故非行政主體擁有行政權力時，可能風險較大。

6　參見《中華人民共和國傳染病防治法》第 3 條：「本法規定的傳染病分為甲類、乙類和丙類。甲類傳染病是指：鼠疫、霍亂。……」

（四）應急隔離權應急下放說

應急隔離權應急下放說要求行政機關在應急狀態中積極履行職責，控制當下混亂的局面，使社會盡快恢復正常的生產生活秩序。和常態化下的對於行政主體的要求不同的是，應急隔離權應急下放說要求在緊急狀態下，行政主體應當以公共利益為先，同時兼顧個人利益；又應當以效率優先，兼顧公正。但是在另一方面，應急隔離權應急下放說也要求行政主體在行使行政應急權時要保持克制，要求行政主體在非常態的情況下，也不能越過法治的框架。雖然應急狀態之下的種種不確定性勢必會削弱行政權力的合法控制，但同時也應牢牢把握住法治的界限，不可逾越。這些主要體現在法律保留、程序性要求以及監督程序當中。所以在該學說中，為了可以提高應對突發事件的效率以及做出更準確的判斷，在應急狀態之下，將應急隔離權臨時性地賦予給醫療機構。但醫療機構是非行政主體，其在行使行政權力時，也存在一些未知風險。為了降低風險，在賦予權力的同時使其擁有附條件的義務，如增加事前把關、事後跟進的措施，即採取認證制度、事後審查機制等。這樣既可以保證行政權力不會被濫用，導致侵害公民的基本權利，又可以提高解決重大傳染病事件效率。

由於重大傳染病事件應對期間，行政應急權被賦予優先實現的緊急性，而且它所採取的緊急措施常常會限制或剝奪公民的某些權利，尤其是隔離中的人身自由權利，因此需要受法律保留原則和附條件義務的約束。而一些有資格享有臨時性應急強制權的醫療機構，是屬於法律、行政法規授權的具有管理公共事務職能的組織，結合職能分工理論，由這些有資質的醫療機構行使行政應急權具有一定的合理性。而這樣的合理性也基於該權力優先實現的緊急性。將決定權賦予相應的醫療機構可以在決策與實施兩個環節上實現更好的行政效能聯結，避免政府的非專業性風險。突發公共衛生事件中的行政強制措施，作為緊急狀態下實施的行政行為，當然地應該遵守行政應急原

則：行政主體一方面要積極行使職權維護社會秩序，另一方面也要在實施強制措施時保持克制，在法律規定的範圍內行動。

應急隔離權應急下放說，主要從應急狀態下的法律角度出發，認為雖然常態化下的行政權力應予以控制，最大程度減小對公民基本權利的損害，保障公民的基本權利，但是在突發公共衛生事件時，法律應當適時地賦予行政權更大的靈活性，將權力下沉給更為合適的主體，解決社會當下所應對的危機，確保更快速的恢復正常的生產生活秩序。

該學說認為，應急隔離決定權是否下放取決於當下的社會狀態。如常態化下，由於行政權力的擴張性，以及為了更好地保障公民的基本權利，對於行政權力應最大限度地加以控制，在該狀態中，最好是由行政主體來行使應急隔離決定權。而在應急狀態中，公民應將其個人權利放在公共利益之後，配合國家管理舉措，以便實現利益最大化。即當個人基本權利與公共利益發生衝突的時候，行政相對人應承認可以對其自身權利暫時性地限制或剝奪。其根本原因是，當公民的生命權與人身自由權相比時，必然是要優先保障生命權，且當個人權利與公共利益發生衝突時，優先保障公共利益，也是為保護實現個人權利打下基礎。所以作為緊急狀態下實施的應急隔離權，可以臨時性地下放至非行政主體即醫療機構。這時行使權力的主體一方面要積極行使職權，提高行政效率，維護社會秩序；但另一方面也要在實施強制措施時保持克制，在法律規定的範圍內行動，並履行附條件性的義務，保障私權利最小程度受到損害。

（五）小結

在前文中，主要圍繞著應急隔離決定權能否下放到醫療機構而討論了三種理論學說，分別是應急隔離權控制說、應急隔離權常態下放說和應急隔離權應急下放說。這三種學說都是從能否平衡人身自由

權、生命健康權和行政權之間的權衡和衝突的立場出發。應急隔離權控制說雖然貫徹了對於行政權的嚴格控制，但未考慮在突發事件時，由於其缺乏靈活性可能造成不可磨滅的損害；應急隔離權常態下放說雖然從公共利益出發，保障了公民的生命健康權，但在一定程度上缺乏對於行政權力的限制，可能會導致權力濫用，損害公民的基本權利。在現在新冠疫情防控常態化的情況下，筆者更青睞於應急隔離權應急下放說。該學說結合了應急隔離權控制說和應急隔離權常態下放說，取其精華，去其糟粕，並在不同的社會形態下進行商討，在一定程度上平衡了生命健康權、人身自由權和行政權之間的矛盾。在常態化的前提下，生命健康權一般不會受到普遍性的侵害，所以可以在一定程度上對行政權力進行控制，避免權力濫用，防止權力擴大化，而侵犯和損害公民的基本權利；另一方面在突發情況時，生命健康權和人身自由權相比，生命健康權的價值位階要高於人身自由權，故這時應將行政權力臨時下放到醫療機構，從而及時、專業地作出判斷，也能在一定程度上有效避免政府對其領域不瞭解，而無法作出有效決策的尷尬局面。

四、澳門特區重大傳染病事件應急強制權限分配制度的優化與建議

（一）適當引入專家意見認證制度

對於完善應急隔離權分配的問題，可以適當採用比較法的角度，將目光放到日本。對於隔離措施決定權，日本規定了專家協商會議制度。應急隔離措施通常是行政和醫學相關聯，故在此方面既要有行政方面的考慮，又要從醫學方面進行考量，才會最大程度確保作出決策的正確性。所以為了保證決策能夠科學又合理，日本法律規定各地應當成立傳染病專家審查機制，該機制是由醫生、傳染病專家以及

該領域資深學者組成，根據規定對傳染病患者是否隔離或者強制治療提出建議。如果情況緊急的，實施機關可先行作出隔離或者強制治療的決定，但是作出的決定如果超過三天就必須提交專家審查機制進行審查。對於隔離的期限，日本有明確限制性規定，如果超過了規定時限，被隔離者可以申請審查。負責審查的上級部門在聽取專家意見之後作出是否繼續隔離或者治療的決定。澳門特別行政區在面臨突發公共衛生事件，需要行使應急隔離權時，可以參考日本的專家認證模式，事前把關，防止行政權力濫用而帶來的損害。如若將應急隔離權授權給醫療機構後，準備行使該權力時，將該情況回饋給相關的專家或專業組織，由其對是否進行隔離提出建議，確保應急隔離權能夠正確行使，最大限度保障公民的基本權利。這樣的事前審查模式克服了司法救濟時帶來的效率低問題，更適合傳染病防治的緊迫要求。該制度也可以在一定程度上減少行政機關「隔行如隔山」的窘境，也有助於更加科學地行使其權力。

（二）增加行政事後審查機制

在現行法律當中，行政強制措施的隔離權限通常歸屬於行政機關享有。但由於突發事件的緊急性等特點，也為了能夠更專業、更高效地行使行政強制權，在突發事件發生時，醫療機構可以被臨危受命，將行政應急隔離權授權給它。而授權視情況的緊急程度不同，可以事前也可以事後。通常情況之下，因行政權力具有天然的擴張性，為了能夠控制其權力行使，一般授權都在事前進行。如前文所述，在日本，對於突發公共衛生事件中的應急隔離權一般應該先有專家審查機制進行審查，方可實施。但為了保證能夠第一時間進行應對突發的公共衛生事件、提高效率，這時進行事前審查可能會在一定程度上影響效率，所以增加行政事後審查機制必不可少。

例如在日本，如果情況緊急的，實施機關也可先行作出強制行

為的決定，但若作出超過三天的決定就必須提交專家審查機制進行審查。其對行使行政權力的事後審查進行了時間上的限制，確保在現實操作中，避免以緊急情況為藉口，濫用應急隔離權，損害公民的基本權利。在《澳門特別行政區傳染病防治法》中規定了對感染傳染病、懷疑感染傳染病的人或有受到傳染病感染危險的人，衛生當局可採取相應的強制措施，包括強制隔離。但公衛措施的決定應以書面方式作出，並說明理由，並應載有疾病的特徵及預計採取措施的期間。而對感染傳染病、疑似感染傳染病的人或有受到傳染病感染危險的人，衛生主管機關可以加以強制隔離，但應在隔離決定作出後的 24 小時之內，通知相關親屬等。且若對採取隔離措施的決定不服的，被隔離者或任何人可向初級法院提起上訴。通過分析現行法律可知，相關主體在對其實施應急隔離權時，缺乏一定的行政權力控制的措施。故可以增加行政機關的事後審查機制，設置一定的門檻條件，如遇到緊急情況，來不及事前把關認證時，要在相應的時間內向有關部門提交行使應急隔離權的必要性的說明，使權力主體行使權力時不僅要注重效率，還要更科學、審慎。對於應對突發事件而言，相對於事前審查，將行政審查置後，因其有緊急性特點，可以更快速採取強制措施控制傳染源，又可以為人權提供保障，既能克服行政機關事前審查時間長、影響突發事件解決的效率問題，又能通過設置一定的使用門檻，使權力主體行使該權力時更加小心、謹慎。

第三章

澳門特區重大傳染病事件行政應急行為法立法規範研究

澳門特區重大傳染病事件
經濟援助措施的合理性標準研究

◇◇◇

▋一、澳門特區經濟援助措施的實踐背景

在傳統的行政理論中，政府一般有義務對在重大傳染病事件中陷入經濟困境的公民群體在經濟上予以援助，這種公共措施本質上是政府治理責任的要求。[1] 在現代社會中，隨著城市化和經濟密集化程度的不斷升高，重大傳染病事件對於公民的經濟威脅和惡劣影響亦不斷增大，這也對政府採取經濟援助措施的標準有了更加嚴格的要求。尤其在重大疫情背景下，政府控制疫情通常採用隔離風險源、社區管控、出入境控制等措施，這類防控措施雖是阻斷疫情傳播的有效手段，但是難免影響企業的生產經營、降低居民的消費能力，故企業破產倒閉、居民消費不振是重大疫情背景下社會治理需要面對的新問題。從我國部分地區的經濟援助實踐來看，重大疫情下的經濟援助目的的實現需要平衡政府審慎理財和公共危機管理的職能要求，明確援助的對象和範圍，建立完整的法律約束。

當前關於傳染病應急法治領域的研究中，對於重大疫情背景下經濟援助的法律界定、體系範疇以及實施的原則性標準等仍不盡完

1　參見張邦輝：《社會保障的政府責任研究》，北京：中國社會科學出版社 2011 年版，第 53-54 頁。

善。在行政法領域的應急法治研究當中，通說認為既要賦予政府充分的自由裁量權以發揮其主導作用，但是也要通過嚴格的法律規範來約束政府的應急行政行為。[2] 重大疫情背景下的行政法制完善就在於，在基本原則的指導下，通過妥善的程序設置和符合要求的標準設定來規範組織架構下的要素流動，保證應急危機中政府基於法律的有效管理。因此，如何通過法律原則和制度的結構性規制來約束政府採取的經濟援助，以保障政府公共職能的實現和行政相對人的利益，既是進一步健全「國家公共衛生應急管理體系」的現實需要，亦是目前行政法領域值得關注的重點問題。

新型冠狀病毒肺炎疫情爆發後，全球許多政府均在短期內推出多項經濟援助方案，挽救經濟和民生，其中英國的緊急方案金額高達4,870 億英鎊，相等它於 2019 年國內生產總值的 22%，是全球迄今規模最龐大的方案之一。在重大疫情背景下，全球的經濟援助大多為傳統的退稅及稅項遞延、發放現金及消費券、豁免公用設施費與租金，以及向指定行業推出拯救方案等。[3] 我國內地不少地方政府也採取了發放消費券、稅收優惠等方式為主的經濟援助措施。澳門特別行政區自疫情爆發至今通過推出行政法規的方式共採取了三輪完整的經濟援助措施，包括全民發放現金和消費券、企業援助計劃、消費補貼計劃等援助手段，覆蓋範圍相對全面，效果相對其他地區更為突出，是極具澳門特色的社會治理實踐。由於其兼具地區特色和區域泛用性，具有較高的研究價值，本文將澳門特別行政區的經濟援助措施作為分析基礎，總結其實施過程的集中性問題，並從政府權力法治化的角度進行制度反思。

2　參見解永照：〈法律規範性視域中的民生建設〉，《新視野》2013 年第 2 期，第 90-94 頁。

3　參見香港特別行政區立法會：《2020-2021 年度財政預算案研究簡報》，2019-2020 年度第 1 期。

二、澳門特區經濟援助措施的制度梳理及其法律架構

（一）定義分析：經濟援助的法律定位和內涵

由於全球多個政府採取的經濟援助類型、方式、體系和政策目的均有很大差異，學界對於經濟援助的法律定性並無定論，因此，基於重大疫情下各政府採取的具體政策，結合本文的研究目的，筆者基於經濟援助的政策顯著共性進行了歸納、定位和總結。重大疫情背景下的經濟援助措施定義可歸納為：以政府為責任主體並通過向受到突發疫情之影響而陷入需要援助的狀況的社團、家庭和個人提供經濟性援助的政策。

這一定義包含以下幾個含義：第一，經濟援助措施的責任主體是政府。在經濟援助的主體關係中，負有義務的一方一般被稱為義務主體，具體來說，一般既包括實施經濟援助措施的政府，又包括參與經濟援助關係並享有權利承擔義務的援助對象。但是，只有政府才能夠作為經濟援助的責任主體。經濟援助措施作為一種突發狀況下涉及國民利益的再分配機制，只有政府作為被授予國家權力的執行機構才有權進行決策和實施。第二，經濟援助措施援助的對象是受到突發疫情影響而陷入需要援助的狀況的社團、家庭和個人。對於是否受到疫情的影響，則通常結合相關法律規範對於疫情級別和類型分類的劃分來確定，對於某些重大疫情事件，甚至社會的每個成員都會受到其負面影響。第三，經濟援助措施通常採取的手段為經濟手段。區別於通常意義的災害危機援助措施所提供的人力或是物資援助，經濟援助措施是以財政補貼、稅收減免等經濟手段對受到疫情影響中需要援助的對象進行援助的一種措施。

值得一提的是，上述歸納的定義並無明顯的目的約束導向，無論政府制定政策以何種目標作為政策指向，只要其客觀上符合上述要件，均應當認為是本文討論的經濟援助措施。而在實踐中，不同政府

所提供經濟性援助的目標導向可能存在較大差異，如出於以經濟激勵為主要導向，則通過促進市場恢復以起到援助效果；以民生保障為主要導向，則通過社會救助幫助弱勢人群度過經濟困境，解決其生活困難；甚至存在著兩者兼具的目標導向。要釐清經濟援助導向的合理定位，通過行政法原則性標準的約束保證政府的合法行政，就必須要明晰政府經濟援助措施的法律定位，這也是本文接下來需要探討的問題。

（二）制度梳理：以澳門特別行政區經濟援助措施為例

澳門特區經濟結構的特點是單一化。根據特區政府 2020 年的統計數據顯示，澳門第二產業佔比仍僅為 8.7%，第三產業佔比為 91.3%，而酒店業和博彩業作為澳門的支柱產業恰恰屬於第三產業，因此其經濟結構極容易受到重大傳染病事件的影響，尤其是對社會經濟影響極大的重大傳染病事件。[4] 由於防疫政策往往要求對病源進行隔離和封鎖，因此當重大傳染病事件發生時，入境澳門人數往往急劇大幅減少，對於澳門經濟至關重要的博彩業和旅遊業通常會進入蕭條狀態。以 2020 年新型冠狀病毒肺炎疫情為例，根據澳門特區新聞局 2020 年 3 月份公佈的數據顯示，在新冠疫情爆發後，2020 年 2 月份的入境旅客同比下降 95.6%，生產總值嚴重收縮，企業面臨更大的困難和挑戰，廣大居民的經濟境況受到嚴重影響，生活和就業承受較大壓力。

如何處理重大傳染病事件所帶來的社會和經濟問題，成為特區政府面臨的嚴峻問題。基於此，2020 年新冠疫情發生後，澳門特區政府根據公共財政用度的需要，在向立法會提案修改年度預算案並獲通過後，從財政儲備和澳門基金會撥出資金，推出並落實三輪名為

4 　澳門統計暨普查局網站，https://www.dsec.gov.mo/zh-MO/Statistic?id=902（最後訪問時間：2022 年 4 月 20 日）。

「保就業、穩經濟、顧民生」的經濟援助措施。[5] 而特區政府的經濟援助措施實施後，確實取得一定的成效，緩解了居民的經濟壓力，幫助不少中小企業渡過難關，在疫情衝擊下保證了經濟民生總體安定。[6]

政府在採取經濟援助時通常會採取多種不同的手段，從多方面對民生經濟進行援助，以達到政策目的。澳門特區的經濟援助措施主要可以分為四個構成部分，分別是款項援助計劃、企業援助計劃、稅收減免計劃、消費補貼計劃和民生保障計劃 [7]。

1. 款項援助計劃

向更為廣泛的公民和居民群體發放現金是緊急抗疫措施的重要一環。在現金援助計劃方面，澳門特區政府主要採取了兩種不同的援助方式，一種是提前發放現金分享計劃，另一種則是實施對不同行業的針對性援助。現金分享計劃是特區政府的一項自 2008 年開始連續實施 13 年的向澳門永久性和非永久性居民發放現金的經濟政策，從公佈到完成一般需要四個月。為應對新冠疫情，特區政府往往將本年度現金分享計劃提前進行發放。另一方面，針對僱員、自由職業者以及商號經營者，特區政府推出了多輪《僱員、自由職業者及商號經營者援助款項計劃》，向年度職業稅收益在特定範圍內的職業稅納稅人中的特區居民，發放每人 1.5 萬元的援助款項，為特定的行業和人群提供一定程度的經濟援助。

2. 企業援助計劃

對受災企業進行援助可以幫助企業復工復產，促進經濟網路自身恢復，穩定市場秩序。在企業援助計劃方面，特區政府通過第 4/2020 號行政法規等一系列的行政法規，對原有的《中小企業援助計劃》進行了修訂，優化了原有的援助流程，為企業提供了兩方面的

5　澳門特別行政區經濟財政司：《2021 財政年度經濟財政範疇施政方針》，2021 年，第 49 頁。

6　澳門特區行政長官賀一誠：《2020 年財政年度施政報告》，2021 年，第 5 頁。

7　澳門特別行政區立法會公共財政事務跟進委員會：《第 2/ Ⅳ /2021 號報告書》，第 10 頁。

援助：一方面是通過各項專項計劃為中小微企業提供針對性的經濟援助，另一方面則是著力於在特區政府原有企業優惠政策的基礎上加快審批程序，同時通過減免企業租金和利息補貼的方式幫助企業共度時艱。

3. 稅費減免計劃

稅費優惠是政府在抗疫過程中緩解居民和企業經濟困難的重要手段。澳門特區實施的多輪稅費減免主要包括：退還繳納的商業、工業及辦公室用途的動產房屋稅稅款；部分豁免對所有場所徵收的旅遊稅；豁免或退還酒店及餐飲場所、特定經濟活動場所或行業等的行政准照的發出、續期及相關檢查等費用；退還已繳的營業車輛使用牌照稅等特定稅款。

4. 消費補貼計劃

在消費補貼方面，從疫情爆發至今，澳門特別行政區政府分別推出了第 6/2020 號行政法規《消費補貼計劃》、第 15/2021 號行政法規《電子消費優惠計劃》、第 19/2022 號行政法規《第三輪電子消費優惠計劃》等消費補貼相關的行政法規，通過電子支付工具向澳門特別行政區居民發放消費補貼，促進居民經濟活動維護整體市場穩定，從而達到援助居民的效果。

5. 民生保障計劃

在民生保障方面，澳門特別行政區政府制定了如第 15/2020 號行政法規《減輕新型冠狀病毒肺炎對各行業負面影響的臨時優惠措施》等一系列行政法規，通過經濟上的民生保障措施減輕新冠肺炎疫情對特區各行業及居民個人的負面影響。

如在減免租金方面，澳門政府頒對於從事商業活動的政府物業租戶減免 2-4 月的全額租金，並號召私人業主也減免租金；同時豁免了包括發放執照和續期費用、船隻停泊費等費用；在生活費用補貼層面，特區政府豁免澳門居民部分住宅水電費，並對企業商號作出三個

月具有上限的水電費補貼。

在居民就業層面,特區政府採用多項措施,將保障本地居民就業穩定置於優先位置,密切監察經濟環境變化、企業營運情況及勞動力市場供需狀況,及時調節外地僱員數量和規模;在疫情平穩後積極開展的「帶津培訓」也為受疫情影響的本地居民提供了職業技能提升的機會,以及為他們進行就業轉介。

(三)實踐爭議:公共財政的審慎性和危機管理的應急性之平衡

澳門特區政府實施的多種形式的經濟援助措施在疫情爆發初期確實穩定了經濟形式,但筆者注意到,澳門特區在重大傳染病事件背景下經濟援助措施的實施也引發了不少的社會爭議,值得重視的包括電子消費優惠計劃爭議、僱員援助爭議、的士援助計劃爭議等。總結來看,爭議主要聚集在經濟援助的對象和方式,而對象和方式的選擇又勢必根屬於政策的制定目的。制定目的不清晰不明確是產生爭議的根本原因。

在援助對象上,很大一部分的爭議在於,在重大疫情的背景下經濟援助對象的選擇上是否應當採取全局性的思維。一方面疫情造成的經濟影響實際上波及到了整個澳門,另一方面社會救助的傳統原則對於精準性的要求也是值得考慮的因素,因此,對於經濟援助措施中是否應當繼續採用全民性質的現金分享或者是全民消費券的方式實施就產生了實際的爭議。有研究顯示,類似現金分享的全民援助計劃本身就是極大的政府財政負擔。[8] 突發公共衛生事件爆發後,在經濟下行、財政收入劇減的情況下,依舊堅持高金額的全民性的現金分享將會進一步影響財政健康,不利於對於其他公共資源的投發和未來的防疫應對計劃。「而從社會福利配置效率的要求來看,最好的效果是政

8　參見莊太量、荊浩:〈淺析澳門「現金分享計劃」弊端及對策〉,《香港中文大學全球經濟及金融研究所研究專論》2016 年第 2 期第 43 號刊。

府能夠把稀缺資源用到最需要的人的手中。從這個要求出發，現金分享使每個人平均受益的方式，無法實現把稀缺資源配置到最需要的人的手中的目的。」[9] 而在重大傳染病事件的背景下，雖然平均的分配機制人人有份，但是事實上恰恰體現了特區政府並未較好履行二次分配的職能，對於受到直接波及和間接波及受損程度不同的民眾採取同樣的分享計劃可能會是一種「懶政」，難以解決實際問題。

在援助方式上，爭議主要集中在不同類型援助措施採用的比例上。無論是對於分別針對居民的款項援助和企業援助各應當佔據的比例分別如何，還是在同樣的經濟援助資金下應當採取以緩解經濟問題為主要效果的款項援助和以擴大內需為主的消費補貼，同樣存在諸多不同意見。這樣的擔心和爭議主要源於如果實施的政策過於寬泛，無法精確幫助有需要的人渡過難關，反而導致財政資源的浪費。

筆者認為，相關爭議產生的根本原因可能在於目前澳門特區政府採取的經濟援助措施均是以頒佈獨立行政法規予以實施的，進而缺乏在行政法意義上對政府行為進行合理約束的原則性標準。

根據《澳門特別行政區基本法》第 50 條第 5 款的授權，澳門特區政府有權根據澳門立法會制定的第 13/2009 號法律《關於訂定內部規範的法律和制度》（下文簡稱澳門立法法）通過獨立行政法規，就法律沒有規範的事宜設定初始性的規範。獨立行政法規的設置給予了行政長官更加靈活的行政立法空間，尤其是在重大疫情背景下，由於疫情的緊迫性，行政立法可以通過相比立法會立法更加簡便的程序，更靈活高效地達到政策目的。也正因如此，政府在經濟援助措施中均採用行政法規的方式對政策進行立法規制。[10]

雖然獨立行政法規作為澳門特區行政主導體制下的特色制度，其靈活性有利於在面對重大突發事件時及時採取措施，實現政府的危

9　參見鄧益奮：〈澳門現金分享計劃及其制度化方向〉，《當代港澳研究》2017 年第 2 期。

10　參見何志遠：《澳門行政法規的困境與出路》，澳門：社會科學文獻出版社 2014 版，第 24-26 頁。

機治理職能，但是由於其是政府直接制定的行政規範，相比於由《防治傳染病法》所規定的防疫應急徵用程序所具有的完備的原則、標準和制度，上述大部分經濟援助相關的法規大多由標的和實施程序構成，缺少原則性標準的規範部分。與立法會完善的立法程序相比，行政立法難免需要通過不斷地修訂和補充進行完善和豐富。

因此，從新冠疫情下澳門特區政府對於經濟援助措施的實踐可以發現，重大傳染病事件下的經濟援助措施目的的實現需要平衡對政府審慎理財的要求和公共危機管理的職能要求。而值得政府當局考慮的應當是加強行政法規向法律的轉化，並思考如何進一步優化法律設計語言，通過法律標準明確援助的目標、對象和方式。這意味著經濟援助措施相關政策和制度的推行和實施可以受到行政法相關法律原則和制度的嚴格規範。

三、重大疫情背景下經濟援助的特殊法律定位探究

（一）重大疫情的概念引入和特徵梳理

1. 突發事件的概念引入

重大疫情屬於我國法律所規範的突發公共事件的一種特殊類型，其不僅具有突發公共事件的一般特徵，並具有基於傳染病特性的新特點。因此對於重大傳染病事件的理清和界定必須從突發公共事件概念的釐清入手，在總結突發公共事件的共性後基於傳染病的特性深入研究並進行準確的定性。

依據《突發事件應對法》第 3 條第 1 款的規定，「突發事件是指突然發生，造成或可能造成嚴重社會危害，需要採取應急處置措施應對的自然災害、事故災難、公共衛生事件和社會安全事件。」根據上述定義，筆者認為對於突發公共事件的定義應當基於以下三個基本特徵：即危機性、緊急性和公共影響性。

首先，危機性要求突發公共事件所指向的情事必須具有對社會系統的基本價值和行為準則產生嚴重威脅的性質，且這種負面性會進一步惡化。[11] 在現代社會中，這種負面性具體指向為對生命、財產、社會秩序、生態環境等社會正常運作要件造成損害；但單純的負面性並不能引發突發公共事件，這種負面性還必須要有一定的不確定性，即在一定外部條件下會有進一步惡化的可能，演變為局部地區甚至是全社會的危機。而正因為如此，危機性讓突發公共事件區別於一般的社會事件，要求政府和社會採用非常規手段對突發公共事件進行介入處理，避免突發公共事件因為處理不當而失去控制，朝著無序的方向發展導致危機的擴大化。

其次，緊急性要求突發公共事件發生的具體時間、實際規模、具體形態和影響範圍是難以預測的，也就是人們一時難以把握其發生方向，對其性質也難以即時做出客觀判斷。這也就意味著應對該事件的組織決策環境達到了一個臨界值和既定的閾值，組織急需快速作出決策，並且通常缺乏必要的訓練有素的人員、物質資源和時間。

最後，公共性要求突發公共事件必須威脅到大多數的不確定人群的利益，甚至在危機性的影響下擴大，進而威脅到整體社會的穩定和安全。如果只是局部、短暫而且是可以輕易控制的危機，在公共性的要求下就難以被稱為突發公共事件，否則我們社會幾乎無時無刻處在非正常狀態。

突發公共事件的特徵要求在緊急態勢下採取及時、精準的行政措施，側重於危機的局部解決和預防，避免突發公共事件影響的擴大化，這也就要求行政機關在緊急狀態下具有更大的自由裁量權，通過法律原則和基本價值在法律的框架內能動地發揮作用，做出裁量以應對變化無常的危機風險。

11　參見薛瀾、張強、鍾開斌：〈危機管理：轉型期中國面臨的挑戰〉，《中國軟科學》2003 年 4 月，第 6 頁。

2. 重大疫情的特徵分析

重大傳染病疫情是指法定傳染病在短時間內發生，波及範圍廣泛，出現大量的病人或死亡病例，其發病率遠遠超過常年的發病率水平的情況。[12] 重大傳染病疫情具有兩個構成要求，第一是必須是法定的傳染病，如以《中華人民共和國傳染病防治法》第 30 條所稱的傳染病為標準，非法定的傳染病的流行和爆發不屬於重大傳染病事件；第二個構成要求則是「短期突發，且達到一定的發病率」，實質上也就是需要符合突發公共事件危機性、緊急性和公共性的特徵。

除了具有突發公共事件的一般特徵，基於傳染病的特性，重大傳染病事件具有獨特的危機屬性，筆者認為，可以將重大傳染病事件的本質特徵歸納為如下三點：第一，重大傳染病事件具有外溢性，容易構成跨域風險。傳染病的本質特徵是「人傳人」，尤其是在交通運輸能力發達的現代條件下，傳染病危機不僅容易跨越行政區劃和國度，更容易實現行業和領域方面的跨越，不僅對身體健康，更對經濟、文化、政治等多方面造成嚴重的打擊。第二，重大傳染病事件具有無差別的風險性，每一個人都沒有豁免風險的可能。因為傳染病極具擴散性，一旦沒有得到良好的防疫控制，社會上所有人都會有感染的風險和可能。第三，重大傳染病的危機具有社會整體性。重大傳染病的發生往往是社會整體都需要關注的事情，因為重大傳染病疫情的擴散和傳染極快，且通過隔離和治癒病人以控制疫情往往需要較長的時間，容易誘發社會整體性的危機，有一定時間持續性和空間封閉性，容易形成危機的日常化狀態。而所謂的整體性危機就是基於傳染病特徵而導致的疫情擴散和持久防控可能會讓整個社會受到整體性影響，這也是重大傳染病事件區別於一般的突發

---

12 參見胡曉翔、于翠婷：〈重大傳染病疫情防控中的強制措施法律問題〉，《南京中醫藥大學學報（社會科學版）》2020 年 6 月第 21 卷第 2 期，第 151 頁。

公共事件的重要本質。[13]

（二）經濟援助措施的多元法律定位和分析

在經濟援助的政策目標和法律定性方面，目前學界關於這部分的研究鮮有學者問津，對於經濟援助措施的定性目前也處於模糊不清的狀態。部分學者認為經濟援助措施屬於社會救助的一部分，應當遵循社會救助的一般規範，而部分學者認為應當認定為行政補償，以行政補償的原則和標準進行約束；部分政府則是將其視為一種經濟調控手段，通過逆週期理論的指導實施經濟援助措施。而制定行政法意義上的經濟援助措施的原則性標準，必須對其政策目的和法律定位進行深刻的研究和梳理。

1. 社會救助說

社會救助說觀點下，經濟援助從其實施背景和實施目的出發，被歸為社會救助的一種形式。在傳統的社會學理論當中，在突發公共事件當中採取經濟援助措施通常被認為是政府的一種社會救助責任。社會救助是指政府對因自然災害或者其他社會經濟原因遭受損失的社會成員，按照法律或者行政規定給予援助的制度。

社會救助的理論基礎來自於居民生存權和社會連帶理念。前者是指公民從國家那裏獲得生存保障的權利，是近代國家產生的一項公民權利，也成為了聯合國人權宣言中的一項基本人權。後者則是認為政府之所以用納稅人的錢進行社會救助，也是基於社會成員的連帶關係。根據社會連帶的思想，社會中的人均互相作用和依賴，一個人出現困難，也是他人的困難，社會上的成員有義務幫助困難的人，這樣在自己遇到困難的情況下也會得到他人的幫助，這樣才能形成穩定的社會結構。

---

13 參見王旭：〈重大傳染病危機應對的行政組織法調控〉，《法學》2020 年第 3 期，第 76-93 頁。

在重大疫情下的經濟援助，從社會救助的視角來說，是建立在責任基礎上的對弱者的授之以漁，是保證其在危機當中依舊可以保有自我實現的可能，防止其陷入經濟異化的境地。社會公正和人道主義原則作為人類社會治理的基本價值準則，也應當是疫情下援助措施的價值追求和標準建構的應然性目標。

以社會救助為導向的經濟援助措施，其目的在於通過扶危濟困、通過經濟援助，保證居民的生活水平，維持社會民生穩定。如2020年武漢市政府向優撫對象等符合條件的生活困難群眾發放臨時補貼就明顯是社會救助為導向的經濟援助措施。社會救助說認為從價值位階而言，相比整體經濟，居民的生存問題顯然需要更加要優先被解決 [14]，因此經濟援助措施更應當從社會救助的角度出發進行制定。

2. 行政補償說

對於經濟援助措施是否具有救助屬性，部分學者存在不同的觀點。劉士國教授認為救助是國家或者政府對損失的補充性救濟，而國家或者政府對經濟活動採取的鼓勵調控措施，或者對合法行為致人損害予以填補的行政救濟措施，或者徵收徵用的對價應當屬於補償，即認為類似於經濟援助措施一類的措施應當歸入補償的範疇。[15] 劉教授認為在突發事件中，國家以補償的方式鼓勵生產是國家的經濟職能之一。以2007年「海南香蕉事件」為例，海南香蕉大面積感染巴拿馬病毒，該病毒會感染樹根部並導致香蕉樹葉枯黃，最後整株樹死亡，在此基礎上，海南省政府在經過特別評估後，對過海運輸車輛每車補貼三百元，這種政府對突發事件採取的補償被認為是一種行政救濟措施，屬於補償的一種。[16]

---

14 參見克勞迪亞‧托萊多：〈論基本社會權利和最低限度生存權〉，周夏青譯，《中德法學論壇》2017年第14期。

15 參見劉士國：〈突發事件的損失救助、補償和賠償研究〉，《中國法學》2012年第2期，第67-78頁。

16 參見江川編著：《突發事件應急管理案例與啟示》，北京：人民出版社2010年版，第188頁。

對於經濟援助措施是否能歸為行政補償的一種，筆者認為有兩個關鍵問題。第一是對於行政補償的定義。在通常對於行政補償的定義當中，強調的是行政主體在管理國家和社會公共事務的過程中，因合法的行政行為給公民、法人或其他組織的合法權益造成了損失[17]，而重大傳染病疫情顯然不屬於行政主體的合法行為，也就不能成為行政補償的動因。而對於這一問題，劉士國教授採用了補充突發公共事件語境下補償定義的方式，將國家或政府對經濟活動的鼓勵調控措施加入了補償的定義當中。而在英穎關於〈我國突發公共事件行政補償研究〉一文中，其將行政補償定位為一種行政責任，認為行政補償不應當定性為具體行政行為，突發事件下的損害行政賠償不應當以行政主體是否存在過錯的「合法」行為為構成要件，只要損害存在，行政機關就應當為其「買單」。基於此，在重大傳染病事件當中，疫情對經濟的影響事實上很大一部分來自於政府對於疫情的防控措施，即前期的封鎖和停業等措施，可以理解為重大傳染病事件當中對於經濟的援助正當性來源於政府前期的封控行為對經濟的整體影響，而封控行為則可以認定為政府的「合法」行為。

筆者認為，不應將經濟援助措施理解為行政補償的一種。傳統的行政補償理論是以政府的合法行為作為行政補償的構成基礎，若將政府的經濟調控行為也定義為行政補償的一種模式，會導致原有理論體系當中的理論、標準和模式不能直接套用在該部分行為所引起的行政補償上，會導致理論體系的混亂。對於認為政府的疫情防控行為是經濟援助措施的「合法」行為基礎的說法，筆者認為：一方面，重大傳染病疫情產生的經濟影響並不完全來自於防控措施，相當一部分也來自於其本身；另一方面，防控措施產生的經濟影響難以定位受影響人員，若認為該行為影響的對象是全體社會成員，則無論多大程度的

17　參見姜明安：〈行政補償制度研究〉，《法學雜誌》2001 年第 22 期。

防控措施均需要考慮整體社會影響，這顯然不符合行政法上的比例原則。而相對於拆遷徵用類行政補償普遍以賠償實際損失為標準，經濟援助標準顯然需要考量更多元的指標。

3. 經濟調控說

經濟調控論被建立的基礎是災害經濟學和產業關聯理論。災害經濟學研究的對象是從經濟學的視角來分析災害在預測、防治以及災後處理等方面的社會關係。該理論認為，在現代社會當中，由於城市人口的高度聚集和社會經濟市場化，重大傳染病事件一旦發生，對於一定範圍內的社會經濟都會產生連鎖影響。而產業相關聯理論是 1936 年里昂惕夫（Wassily W. Leontief）在他發表的〈經濟學和統計學評論〉文章中首次提出的，其認為重大傳染病事件往往會改變人們對投資、生產以及消費等行為，以及災後恢復與重建又改變了經濟部門的結構。產業相關聯理論有助於釐清突發公共衛生事件的經濟影響，並為經濟調控論提供理論支撐。

經濟調控理論認為經濟援助措施實際上是一種財政槓桿。即所謂經濟援助措施是政府在依據和利用價值規律的基礎上藉助於經濟槓桿的調節作用，通過財政槓桿根據現實需要調節社會總需求、社會經濟結構、各種利益關係的一種援助措施。

基於疫情防控的特殊背景，經濟援助措施作為一種經濟促進措施存在其正當性。在中國內地，由於中央與地方財政的分立關係，地方本身具有一定的財政自主權，同時憲法與相關組織法賦予了地方政府通過「更好發揮政府作用」的方式進行宏觀調控，同時《突發事件應對法》第 63 條也規定政府應當及時開展生產自救、恢復重建等善後工作，因此，政府通過經濟援助的方式激發市場活力、保證民生穩定具有充分的正當性和合法性。[18]

18　參見熊偉：〈新冠肺炎疫情背景下政府消費券發放規則的法律檢視〉，《武漢大學學報（哲學社會科學版）》2020 年第 73 卷第 5 期。

綜上所述，本書認為，除行政補償說外，社會救助說和經濟調控說在重大疫情的背景下均有其正當性存在，但是基於價值優位和政府責任而言，社會救助的目標導向應當是疫情下經濟援助措施優先完成的政策目標和法律定位。因此，從法律定位上而言，經濟援助相關法律法規的制定不僅應當結合社會救助法的規定，也應當參考引入競爭法、經濟法、金融法等法律的多元視角進行構建，建立綜合性原則性的法律規制。

四、目標約束下援助標準法律原則化的理論梳理

（一）社會救助理論

1. 社會救助的基本原則

在社會救助的理論當中，社會救助應當遵循兩項基本的原則：堅持無差別的平等原理和最低生活保障原理。[19]

堅持無差別的平等原理指的是對全體國民均是無差別的對待，即當重大傳染病事件發生後，國家的救助對於所有人都是無差別的、平等的。而其中對於貧困的受害者在實施住房重建時予以特殊的照顧，屬於貧困救助的特殊問題，與平等原理並不矛盾，而一般性救助則是無差別的，如在上海「11.15」火災案中，政府對死亡的家屬無差別地支付十萬元救助金。

最低生活保障原理指的是以維持最低生活標準為限度。突發事件的政府救助以保障最低生活為標準，意味著對受害者的救助不應當超出最普通的生活需要限度。該原理認為，在災害救助當中，為了實施統一的標準，避免不公平和道德風險的產生、節省救助成本，救助應當以生存權為限度，即保證救助對象的最低生存保障。

19　參見〔日〕川村匡由：《社會保障論》（第5版），ミネルヴア書房2005年版，第240－242頁。

對於最低生活保障的計算主要包括以下幾種：1. 生活需求法，根據當地維持最低生活水平所需的物品列出清單，根據市場價格計算需要多少現金，即為最低保障金額。2. 國際貧困標準法，在一個特定的地區當中，收入或者平均收入的 50%-60% 為貧困線。3. 恩格爾係數法，家庭食品消費的絕對支出 / 恩格爾係數得出所需的消費支出即為最低生活保障金額。

筆者認為，在經濟援助措施的語境下，可以考量並採納無差別平等原理和救助的補充原理，但不應當採用社會救助對於救助幅度關於最低生活保障的標準：一方面，經濟援助措施區別於致力於盡量保障生命和財產安全的人力和物資援助，其根本目的是通過經濟手段保證其受到重大傳染病事件影響的援助對象盡快恢復生產生活的秩序，保證社會的穩定，基於這個目的，顯然不能僅僅對援助對象提供以最低生活保障為基礎的援助，而是以更大力度的援助推動受到突發事件影響的群體迅速走出困境，回歸正常的生活。另一方面，在現代社會人權進一步發展的現狀下，對於救助的考量不僅應當以生存權為理論基礎，人權當中的發展權也應當納入考量，遭受重大傳染病事件的社會群體的正常發展權也必然受到損害，此時以保證生存權為目的的最低生活保障標準難以援助該群體受損的發展權，因此在經濟援助措施中的援助標準顯然應當採取更高的要求。

2. 社會救助的實施模型在重大傳染病視野下的指導價值

社會救助應當如何實施，聚焦在哪些人應當得到幫助，這是社會救助學中繞不開的原則性問題。而針對這個問題，社會保障的學者們提出了兩種不同的實施模型作為回答。

第一種回答是社會救助的普救性方式。這種觀點認為在社會救助對象的選取過程中，無論其身份、就業記錄、收入狀況，對社會的救助應當基於社會上的每一個個體。這種社會救助的方式也被稱為全民基本收入理念，即政府應當向所有符合條件的人提供社會救助以滿

足共同需要，且這種救助是無條件的、無要求的。

另一種回答是選擇性的社會救助。在這種實施模型當中，社會救助的對象應當集中於「真正的需要被幫助者者身上」，對於那些不需要幫助的人則需要用選擇手段排除救助的適用。選擇性的方式認為社會救助計劃應當針對市場、家庭和個人的一般功能失靈。在這個意義上，社會救助通常是補缺性而並非預防性的。但是選擇性的方式一方面會存在不易操作、成本較高的技術問題，且難以避免欺詐行為的發生，且選擇化的模型容易導致救助跟弱小更加緊密地結合起來，與社會救助相關聯的羞恥感可能會降低他們利用社會救助的慾望，使獲得幫助的人產生相對負面的心理特徵。

在實現水平適度原則方面，兩種實施模型的標準建立方向顯然是不同的。採用普救式的社會救濟模式只需要考量政府社會救助投入和政府財政總量之間的平衡關係，即以保證經濟不受到影響為標準；而採用選擇性的社會救濟模式則需要進一步確定選擇的對象和幅度，加上調查的成本後與財政總量進行平衡，顯然需要更複雜的標準模型。而社會救助理論的兩種不同實施模型對重大疫情背景下的經濟援助均有相當的參考價值。在實踐中，部分國家和地區通過全民發放現金和消費券提供重大傳染病疫情下的經濟援助，顯然是以普救式的模型進行；而針對性發放消費券和提供稅收優惠等顯然以選擇式的模型實施，這也體現了不同政府在模型選取中的利益考量。

但是筆者認為，與社會救助理論所針對的社會整體福利問題不同，對於重大傳染病事件來說，由於重大傳染病事件具有緊急性和危機性的特徵，其受影響範圍往往相對更小更集中，受影響的民眾往往損失較大，需要及時的救助以保證其利益不受到持續性損害。普救式的模型由於實施時間較長，一般難以應對重大傳染病事件的緊急性和危機性，而由於重大傳染病事件具有危機性的特徵，在尚未擴大的階段，選擇性的模型在重大傳染病事件中所需的調查成本相對社會救助

更小，更有利於以低成本的援助防止重大傳染病事件對於社會經濟的威脅擴大化，因此筆者認為在重大傳染病事件的前期階段應當採用選擇性的實施模型。

但是正如上文所說的，本文所討論的重大傳染病事件具有外溢性和社會整體性的本質特徵。對於重大傳染病事件來說，其往往會對整體的社會經濟產生整體性的影響，因此每一個社會成員都可能成為受到重大傳染病經濟影響的成員，因此其影響具有普遍性，在重大傳染病事件下採取普救式的模型更契合重大傳染病的本質特徵，同時可以保證需要救助的對象不會被遺漏。但是普救式的模型同樣會產生前文所述的經濟隱患且不符合重大傳染病事件的一般特徵之要求。因此，在重大疫情的視野下，為幫助政府在應急情況下制定更優的實施模型，應當設立程序累進原則：在採用普救式的宏觀視野下通過選擇化的針對性措施，既保證重大疫情下整體經濟的活躍，也保證選擇化指導下社會救助職能的實現。

（二）經濟調控論

基於經濟調控論，經濟援助措施的標準應當構建在恢復經濟的基礎上，即通過整體經濟為尺度，對區域內整體的經濟狀況進行整體評估，並根據評估結果制定相關的宏觀調控政策，如香港地區在新冠疫情中推出的一系列逆週期措施。該理論認為地區的經濟狀況與經濟援助的關係為，一方面，經濟狀況決定了經濟援助的規模和水平；另一方面，合理的經濟援助措施能夠改善疫情下的經濟狀況。[20]

基於此，可以進一步分割「援助水平過高」和「援助水平過低」兩種理論情況。經濟援助水平過度會導致政府對經濟援助的支出增長過快，超過了社會能夠承受的適度水平。援助水平過高體現在：第

20　參見劉安長：〈從逆週期到跨週期：財政政策調控的反思及展望〉，《經濟縱橫》2021 年第 3 期。

一，容易滋生依賴、懶惰的情緒，挫傷勞動者的工作積極性，這樣既影響了工作效率，又損害了社會公平。第二，提高了企業的生產成本，進而影響其在國際市場上的競爭力。第三，不斷增長的經濟援助支出大幅增加了政府的赤字和債務，從而影響政府信譽，影響國民經濟的良性循環；第四，經濟援助支出增長過快可能會導致政府財政危機，從而對重大傳染病的防控和治理，導致經濟上的惡性循環。而經濟援助水平過低則會導致不能很好地實現經濟援助的應有功能，不能有效保障公民的基本生活，從而影響社會的安定與和諧，最終對整體社會發展產生不良影響。

　　不可否認，在傳統的社會理論看來，文明要發展並得以長久繁榮，社會必須保持良好的社會生產並分配充足的商品和服務，以確保社會上的成員擁有生存和健康所必須的生活水平、技能訓練，從而使得種族得以繁衍。但是對於人類社會的價值觀以及作為中華民族生存發展至今被稱為共同文化的東西，似乎很難說完全以經濟為中心，或都為了追求經濟效益而生。對於經濟援助性措施來說，我們可以認為其和社會經濟緊密相連，並可以促進經濟的恢復和可持續發展，在這個意義上其具有工具屬性。但是在基本理念上，我們不應當將經濟援助單純視為維護經濟發展的工具，其也在很大程度上承載了人類對於公正的價值期待，效率的最終目標依舊應當是公正。[21]

　　在建立經濟援助措施合理性標準的過程中，如果過分注重對於市場的經濟效率因素考量，將會從機制上失去對在重大傳染病事件中具體受到損失群體的考量，不僅容易導致精準性的缺失，從而使政策效率大打折扣，甚至會讓這部分群體被忽視，因而產生更大的社會問題。因此對於經濟援助措施來說，必須通過對於公正的權重來對以效率為最高價值的市場機制進行制衡。社會經濟因素的考量應當作為標

21　參見張邦輝：《社會保障的政府責任研究》，重慶：重慶大學出版社 2010 年版。

準之一，而不應當作為唯一標準。

重大傳染病事件下的經濟調控措施應當引入社會救助的理念，即經濟調控的前提應當是注重保證居民的基本生活，保證人民生命安全、身體健康，在此基礎上，發揮市場經濟的自我調節作用，穩定民生幫助居民度過危機。因此對於經濟援助政策的理解不能按照一般意義上的對於財政政策的定位和政策目的，更應當注重履行政府責任和救助的義務。因此對於疫情下的經濟援助措施，以「逆週期」作為其法律定位顯然是不合適和不準確的。[22] 在重大傳染病事件下的經濟援助措施，不應當只從整體宏觀的角度對經濟進行調控，更要履行政府責任和職能，從宏觀上應當以「保生存」為政策目的保證群體的覆蓋，從微觀上保證受到不同程度影響的人群得到不同層次的救助。

五、疫情下經濟援助措施的多元法律規制與標準構建

在經濟援助語境下，在經濟調控論中的社會經濟和政府成本作為政策制定標準的前提下引入社會救助的理念，通過行政程序控制的方式保證政府職能的充分實現，筆者認為經濟援助措施標準的構建應當以民生經濟調控作為制定標準的考量因素，但是同時應當遵循平等援助原則、公正優位原則和程度累進原則。

民生經濟調控作為制定標準的考量因素，指在重大傳染病事件經濟援助措施制定當中，應當首先以專門部門的評估定位受疫情影響地理區域範圍，以受疫情影響區域內整體民生和經濟水平作為標準制定的基本指標，受影響區域內所有人群作為援助對象，通過維持地區的民生和經濟水平，保證所有人群得到應有的救濟而避免遺漏。重大傳染病疫情由於具有較強的外溢性和整體危機性，對於經濟的影響範

22　參見劉尚希：〈如何理解疫情條件下的財政政策〉，《清華金融評論》2020 年第 5 期，第 28-30 頁。

圍較廣，通常會導致區域性乃至全民性的經濟危機。所謂外溢性和整體危機性，具體而言，指重大傳染病疫情對生產、投資的影響是連續性的，疫情的不確定性對企業的影響極大。如果疫情不能在短期內得到有效地控制，企業所涉及到的產業鏈、資金鏈、供應鏈就會像多米諾骨牌效應一樣，一個受到嚴重衝擊，其他的也會一個一個地受到嚴重衝擊，而且這種衝擊越來越明顯，有可能會帶來較為長期地經濟危機。因此在重大疫情的背景下，為了避免整體經濟受到衝擊從而使社會整體陷入更大的危機中，以民生經濟作為調控考量因素是非常必要的。

平等援助原則指的是在經濟援助措施當中對援助對象採取平等的態度進行援助。這裏的平等並不是指對於社會上的所有公民都實施援助，而是無論是任何人或者是群體在受到重大傳染病事件的打擊而陷入經濟困境時，政府都應當予以援助。另外，平等援助原則也要求在經濟援助措施當中，對於受到同等影響的群體和企業予以同樣的援助。因此，該原則也就要求政府建立相應的評估機制，並根據受到重大傳染病事件影響的程度不同而設立不同的援助層次。

公正優位原則指的是，在經濟援助措施的制定當中，應當遵守以公正為第一優位的原則。公正優位有兩層含義：第一是相對於經濟和成本優位，即不得因為經濟和成本的考量對於應當予以援助的對象放棄援助；第二則是經濟援助措施不得影響市場有序競爭，如在發放電子消費券的過程當中，政府指定消費券適用的商家和企業，可能會打亂市場正常競爭秩序，試圖以救助手段調控經濟，影響公正優位的實現。

程度累進原則是指對於受重大傳染病事件影響的更嚴重的群體應當採取更高的援助規格，本質的要求是公共資源應當用到更需要幫助的群體身上。在重大傳染病事件的政策實施規則上，應當以選擇化的精準援助為基礎制定政策實施的附加條件。如在提供稅收優惠方

面，為進一步保證對於普通職工的精準援助，可以設立不得減薪、不得裁員的附加條件。以英國的薪酬補貼政策為參考，英國政府向各行各業的僱主提供高達 80% 的薪酬補貼，但是僱主必須承諾不得裁員，瑞典和丹麥亦有類似的政策。在現金和消費券補貼方面，在選擇化的決策細則模型的指導下，可以採取累進式的分享計劃。以美國的發放計劃為參考，美國向年薪不足 75,000 美元的居民發放現金，年薪高於該水平的高薪人士，超逾該金額的每一元扣減 5% 的援助；新加坡的增長花紅計劃也採用累進的方式發放現金，收入較低的公民可獲發三百新加坡元的最高款項，而高收入人士或擁有多於一項物業的人士獲發款項最低，只有一百新加坡元。另外，精準援助方面，對於個人而言，對於高薪水、低薪水、失業人員應當採取不同程度的援助措施。對於企業而言，也應當以行業等標準對受影響程度進行劃分。如以突發公共衛生事件為例，重大傳染病疫情對於不同行業的經濟影響是有差別的，既有正面影響又有負面影響。產生正面影響的產業有醫療行業、線上視頻、線上教育、電子商務等行業；負面影響的產業有餐飲、服務業、旅遊業和交通運輸業等。對於不同的行業應當採取不同的援助標準。

因此，在重大疫情背景下的經濟援助法律構建中，應當構建以平等援助原則、公正優位原則和程度累進原則為指導、遵循民生經濟參考因素、真正立足於重大疫情背景下的經濟援助措施的原則性標準。

澳門特區重大傳染病事件中
應急藥品監管審批的合理性標準研究

◇◇◇

在重大傳染病事件當中，許多病原體往往會不斷變異和進化，導致當下的藥品和疫苗對其治療和預防的效果不斷下降，從而出現藥品缺口。若要更好地應對重大傳染病的病原體及其變異進化導致的藥品空缺，不僅需要提升藥品研發能力，更需要構建完善的藥品審評審批制度，尤其是在重大傳染病事件中對於非常規審評審批流程制度要通過法律規範保證其安全性和高效性的實現。

在重大傳染病事件當中，科研機構所研發的特效藥與檢測試劑等藥品，在研發完成後要經過行政部門的審批才能決定其能否上市及應用於臨床治療當中，而在重大傳染病事件中應當採取一定的特殊審批程序，加快藥品上市以達到應對疫情傳播和臨床治療的目的。但目前澳門地區對於藥物研發審批尚未形成完整的法律體系，針對突發公共衛生事件也未有相關特殊審批程序的法律規範。

一、重大傳染病事件應急藥品監管審評審批制度概述

（一）重大傳染病事件中藥品審評審批的概念

根據行政機關對於市場經濟行為介入的時間節點，可以將行政機關作出的行政規制行為分為事前規制和事後規制，二者相互補充構成行政規制體系。藥品的審評審批屬於典型的行政機關事前規制行

為，即未經行政機關審批並許可，藥品不得進行生產並上市，其目的在於避免由未經審批的藥品影響公共用藥安全。作為典型的事前規制形式，行政許可發生於相應生產經營活動開始之前，旨在防止發生不符合公共利益的活動。它通過評估所有從事該活動者的可能能力與後果，來確定其是否達到相應的標準。[1]

藥品作為一種特殊的商品，事前規制對於平衡藥品有效性與用藥安全性具有特定意義。藥品的使用者與藥品的生產經營者處於一種信息不對等的地位，而與普通商品相比，這種信息不對等可能造成的傷害將會更為嚴重並且往往是不可挽回的。藥品作為一種經驗商品，只有使用後才能知道其品質效果。藥品企業組織化、專業化程度相對較高，消費者所掌握的信息，與藥品生產經營者掌握的信息，無論從質到量上都有較大差距。[2] 一旦讓未經審批的藥品流入市場，其危害往往不會立刻顯現，其損害結果具有時間上的滯後性，因其損害無法第一時間被監管部門檢測到，這種特性會將損害結果進一步地擴大，嚴重影響公共安全。藥品監管部門相對具有更多的信息、技術、知識和經驗，事前規制可能比事後許可更有效。[3] 因此，藥品審評審批體系是世界各國對於藥品進行規制的核心。

突發公共衛生事件具有以下幾個主要特徵：突發性、公共性、嚴重性、緊迫性、複雜性、易變性。突發公共衛生事件通常會在短時間內迅速傳播，導致大量人群染病和死亡，迫使公共醫療資源造成擠兌現象，如不能及時採取有效的措施，尋找或研製出對應的藥品，其危害會進一步擴大。在此情況下，應當秉持法律至上的原則。而藥品審評審批機制作為應對突發公共衛生事件的重要環節，更應該不斷完

1　參見〔英〕安東尼·奧格斯：《規制：法律形式與經濟學理論》，駱梅英譯，北京：中國人民大學出版社 2008 年版，第 217-218 頁。

2　〔美〕史蒂芬·布雷耶：《規制及其改革》，李洪雷、宋華琳、蘇苗罕、鍾瑞華譯，北京：北京大學出版社 2008 年版，第 42 頁。

3　宋華琳：〈論政府規制與侵權法的交錯——以藥品規制為例證〉，《比較法研究》2008 年第 2 期。

善法律規範，填補法律空白，做到以預防為主。藥品審評審批的效率和結果，關係到藥品的安全性、有效性和可及性，是防範突發公共衛生事件的有利途徑。

（二）澳門特別行政區藥品審評審批的現行法介紹

澳門特別行政區第 59/90/M 號法令規定，凡在本澳使用的藥物須作預先登記，所有未經過預先登記的藥品，一概不能投入到澳門市場。在 2021 年 10 月，澳門特別行政區已經完成討論《藥物監督管理局的組織及運作》行政法規草案，並將於 2022 年 1 月 1 日起設立藥物監督管理局（ISAF）。在此之前，澳門特別行政區衛生局是執行澳門政府有關醫療衛生政策的法定職能部門，其下設的衛生局藥物事務廳是藥品主管部門，負責藥品的行政管理工作，其中包括藥品註冊登記工作等。隨著粵港澳大灣區的建設發展，為了更好地協調和配合粵港澳大灣區建設中的惠澳政策部分，加強對藥品監管管理等方面的各項工作，澳門特別行政區政府新設立的藥物監督管理局取代了原衛生局藥物事務廳的職責，使得澳門的藥品活動監管更加集中化和專業化。澳門藥物監督管理局受澳門特別行政區政府社會文化司的監督，其主要職責是負責研究、統籌、協調及落實澳門特別行政區藥物監督管理範疇的政策，具體包括執行藥物註冊管理制度，組織開展藥物品質、有效性、安全性和藥源性等檢測，審批屬於其職責範圍內的藥物貨物進口。

第 59/90/M 號法令規定了在澳門使用藥品的登記事宜，在遵守基本的質量保證科學標準、保證安全要求的同時，採取了儘量簡化的預先登記制度用以管理藥品註冊；第 58/90/M 號法令規定了在澳門從事藥物專業及藥物業的活動準則，包括藥物的製造、進口、流通和供應等方面，與藥物登記制度相互配合，同時也是綱領性文件；第 11/2021 號法律規定了中藥藥事活動及中成藥註冊制度，這條法律

實施的同時廢止了第 53/94/M 號法令，第 46/2021 號行政法規規定了中藥藥事活動及中成藥註冊法的實施細則；第 7/2003 號法律規定了對外貿易的一般原則，其中包括藥品的進出口原則性規定。除上述法律及行政法規外，現行有各類技術性指示、批示及行政長官批示，詳細規範了上述文件所涉及的某個具體藥品的細節性規定，例如第 02/2000 號技術性指示規定了批准藥品進口前所必須提交的文件。總體來說，澳門特別行政區目前對於藥品管理尚未構建形成統一的法律體系，各類法律條文規定紛繁複雜，較為混亂。新成立的藥物監督管理局同時具有研究及評估藥物監督管理範疇的政策並建議制定相關計劃及法規的職責，我們可以由此推出，澳門特別行政區政府已經認識到當前建立藥品管理法律體系的重要性，並希望通過設立藥物監督管理局來進行建立和完善。

二、重大傳染病事件中藥品審評審批指導性原則的探究

從實驗室發現或製備一種新化合物到投入市場作為治療某種疾病的藥物，世界各國目前採取的流程較為一致，可以概括為以下幾個部分：（1）臨床前研究，此過程會將這種新化合物在實驗室中進行試驗，以證明該化合物對於某種特定疾病具有治療效果，為了評估該化合物的安全性，在用於人體之前，必須要通過動物實驗瞭解其毒性，即臨床前研究；（2）新藥臨床研究申請，當一種化合物通過了臨床前研究後，如果要應用於人體實驗，必須先向藥品監管部門提出申請，並提供臨床前研究的相關資料及臨床研究計劃等；（3）臨床研究試驗，此過程一般包括 I／II／III 期臨床試驗，在 I 期臨床試驗中，主要收集藥物的安全性資料，在 II 期臨床試驗中，主要收集藥物的有效性資料，III 期臨床試驗是整個臨床研究試驗中最重要的一環，需要進一步收集藥物的有效性資料、藥物副作用以及與其他藥物相互作用關

係；（4）新藥申請，在完成前述三期臨床試驗並獲得藥物資料後，如實驗資料表明該藥物具有安全性和有效性，則可以向藥品監管部門提出新藥申請；（5）批准上市，在藥品監管部門通過新藥申請後，則該藥物可以進入市場。

（一）科學評估前置啟動原則

在應對突發公共衛生事件這樣一種應急狀態時，對於藥物的評估和適用授權，提高藥物適用的安全性、有效性、時效性，有必要建立起一種緊急使用授權機制，而啟動這種授權機制需要建立一定的前置程序。用現有的資料進行科學分析，通過科學評估前置來啟動緊急使用授權機制，能夠對於突發公共衛生事件進行及時回應，在行政程序上最快地達成對於藥品的授權許可程序。

緊急使用授權制度是在已經存在或者具有潛在可能的突發公共衛生事件下，對於未經行政審批程序批准的藥品或者是已經上市的藥品超出原有適用範圍的一種行政許可授權。該制度的目的是在出現特定緊急情況時，保護公眾免受傳染病、化學污染和輻射污染等導致的疾病威脅和傷害。[4] 目前澳門特別行政區尚未建立此機制，而現有的法律規範在第 120/2005 號行政長官批示中有提及出於緊急情況，考慮到公共衛生的利益及沒有其他選擇，獲衛生局局長批准可以進口或生產藥品。在本次新冠疫情中，澳門特別行政區政府採取特別進口批准的模式，來採購復興醫藥 mRNA 疫苗用於澳門當地新冠病毒疫苗接種計劃。在此過程中缺少一個重要的環節，即一種對於藥品緊急使用授權的管理制度和科學的評估程序。而構建藥品緊急使用授權的科學評估前置程序和管理制度，將會幫助澳門特別行政區政府更加高效地應對此類突發公共衛生事件，有助於防範化解突發公共衛生事件的

4　楊悅：〈如何確立藥品緊急使用授權上位法依據〉，《中國醫藥報》2019 年第 9 期。

重大風險。

對於藥品的緊急使用授權，為了確保藥品的安全性和有效性，啟動此項機制需要以科學為唯一原則進行前置性審查。緊急使用授權的啟動前提必須是，在嚴重影響公共安全、威脅公共健康安全的突發事件發生或存在潛在發生可能的情況下，由相關部門判斷是否屬於突發公共衛生事件或參考世界衛生組織的研判，並宣佈進入突發公共衛生事件。由此，需要明確緊急使用授權啟動的主體行政部門，並建立起各部門之間的協作機制，成立緊急使用授權委員會制度。

對於緊急使用授權前的風險管理，需要審查申請者所提供的藥品的安全性、有效性和風險 — 收益及相關的所有科學證據，根據具體情況以確保符合緊急使用授權的發出標準。審評機構應以科學為原則，綜合考量各種因素，合理地分配評估資源，設置優先順序排序，並建立信息公開制度。對緊急使用授權的前置評估信息和緊急使用授權的發佈應對公眾進行公開，確保信息的準確和權威。

（二）安全性除外豁免原則

上述過程中，臨床研究試驗是其中一個重要環節，但完整地進行三期臨床試驗難以應對突發公共衛生事件中的藥品空缺。為了有效應對嚴重危機人類健康的疾病，世界主要國家和地區藥品監管機構紛紛出台系列政策，其中縮短臨床研究時間是其中的一條重要路徑。在這種路徑之下，藥品監管機構可以在藥品尚未完成完整的臨床研究試驗的情況下，通過「先批准後驗證」的形式加快具有突出臨床價值的藥品上市。在藥品進行臨床試驗期間，如果收集的資料已經能顯示該藥品的療效並能預測臨床價值，先行批准其上市對於公共健康的利益大於風險時，可以縮短臨床研究時間，先行批准其上市之後通過上市後的臨床研究來進一步驗證。這一理念最早源於美國食品藥品管理局（FDA）在 1988 年提出「加快危重疾病藥物評審」的理念，並在之後

設立加速批准程序，允許基於替代終點或中間臨床終點，加速批准治療嚴重或危及生命疾病藥物的上市。[5] 與常規藥品審批流程相比，因其未獲取完整的臨床資料來證明藥品的安全性及有效性，對於此種授權應該更加謹慎。同時對於此種模式，在藥品上市後應該繼續開展臨床試驗，制訂風險管控計劃，保障藥品安全。

在藥品評審過程中，最為重要的一項標準就是安全性。在縮短臨床研究時間這一模式下，為了使藥品能夠快速獲得審批進入市場，將會影響藥品的安全性，因此世界各國在適用此種模式時，都會從以下兩個方面來彌補因縮短臨床時間而可能造成的安全性降低。首先就是在申請前，對於縮短臨床研究時間要嚴格限制適用情形。美國和加拿大在適用此種情形要求必須為面對「嚴重或危及生命的疾病或情況」；歐盟在以下三種情況可以適用：「嚴重或危及生命的疾病」、「公共衛生急需」和「被認定為罕見病的醫藥產品」；中國則是在「嚴重危及生命」、「公共衛生急需」及「重大突發公共衛生事件」。再次就是在上市後，需要有完善的安全監管機制、退出機制。各國都會要求對附條件批准上市的藥品繼續開展相關研究工作，繼續驗證藥品的臨床收益及安全性資料。當上市後臨床試驗能夠獲得完整的臨床資料時，附條件批准的藥品可以轉為申請常規程序批准上市；如果臨床資料證明風險大於收益，或未能按期完成臨床試驗，監管機構將會啟動暫停機制或者退出機制，撤銷對於該藥品的附條件批准。

由於縮短臨床研究時間，藥品的安全性和有效性長期以來一直是風險存在的焦點。採取這種方法，將會面對臨床收益不確定、安全性評估受局限的挑戰。而在各國的藥品審評審批環節中，最為首要的標準就是安全性原則，而藥品的有效性則排在次位。各個國家都在臨床試驗審批程序當中加強對藥品安全性的審查監管工作，要求在臨床

5　唐輝、湯立達：〈藥品附條件批准上市的內涵與風險防控〉，《中國醫藥導刊》2021 年第 4 期。

試驗期間，如果發生非臨床研究安全性問題，應當第一時間將情況報送給審評機構；如果發現存在安全性或其他風險，應當第一時間修改臨床試驗方案並且暫停或終止現有的臨床試驗研究。各個國家對於在境外獲得的臨床試驗資料，同樣也秉持安全性優先的原則。如果臨床試驗是在境外進行或臨床試驗資料來源於境外，申請人不僅需要提供一般臨床試驗資料，還需要針對該藥物是否對於不同人種存在不同差異提供對比臨床試驗資料。許多申請者為了獲得不正當利益，往往會採取資料造假的行為手段，各國對於資料造假的行為是堅決杜絕並抵制的。為了確保資料的真實性，各個國家均針對責任人設有嚴格的責任制度，責任人需要對臨床試驗資料的真實性和可靠性承擔法律責任。

行政程序需要被確立並且遵守，才能保障行政行為內容的合法性。藥品的行政審批許可程序當中，在約束行政相對人的同時，也要提升行政機關的治理能力，在權衡各方利益之下，作出最有利於公共利益的選擇。可通過立法為有可能間接影響相對人權利義務的內部程序設定最為基本的最低要求，也應鼓勵行政機關頒佈程序性規範，從而實現對內部程序的自我約束，讓相對人有相應的穩定預期。[6]

遲到的正義等於非正義。時限制度是對行政法律關係雙方的行為給予時間上的限制，以有效保障行政效率和當事人合法權益的程序制度。[7] 藥品審評審批雖然屬於行政許可的範圍，但是因其特殊性，在時限方面屬於法律另有規定的範疇，行政機關應當給予行政相對人各個環節一個明確的時限期限。在保證藥品安全性、有效性的前提之下，應當要求藥品審評機構進行自我約束，嚴格遵守審評時限的要求，並且儘可能地提高效率，壓縮藥品審評時限，這不僅有利於鼓勵

6　參見何海波：〈內部行政程序的法律規制〉，《交大法學》2012 年第 1 期、第 2 期。

7　參見楊海坤、黃學賢：《中國行政程序法典化 —— 從比較法角度研究》，北京：法律出版社 1999 年版，第 160 頁。

企業研究新藥，更有利於病患能夠更快使用藥品來治療。

　　一方面，為了確保藥品審評時限能夠得到嚴格遵守，應當不斷完善有關藥品註冊法律法規，對藥品社評技術指導原則應當進行彙編和頒佈，明確每一個環節的最長審批時限，改善評審程序，提高評審效率。可以通過引入內審和外審相結合的途徑，委託協力廠商專家對藥品進行審批，緩解內部評審的壓力，解決內部資源與申請數量不平衡不匹配的問題。同時建立申請前溝通機制，通過對申請人在申請前的溝通交流和培訓引導，使得申請人能夠對藥品審評審批流程具有全面性的認識，更好地進行合規性研究並嚴格符合藥品審評技術性要求，提高藥品申請人提交申請資料的品質。對於用於不同場景的藥品應當確定差異化的審批時限，結合藥品創新的客觀性要求和對於藥品創新的風險性控制能力來進行綜合評判，充分考慮公共用藥需求和審評時間的要求相稱。

　　另一方面，隨著全球化進程的不斷推進，全球藥品供應更加便捷迅速，各個國家藥品監管部門面對日益增長的進口產品申請審查需要，均通過一定的措施來緩解審評壓力。越來越多的國家認識到即使投入更多的資源傾斜，也無法滿足對來自世界各國的藥品進行監管的需求，因此與其他國家藥品監督管理機構訂立協定並建立合作關係，可以大大降低監管成本並提高監管效率。如果各個國家之間可以在一個統一標準下達成共識，對於同一種藥品，檢查結果能夠在協約國之間相互認可，則無需再進行重複檢查，將有限的藥品審批資源投入到其他地方。尤其是在世界範圍內傳播的突發公共衛生事件，各個國家之間的藥品互認可以大大提高在本國內該藥品上市的審批時間，簡化審批流程，使公眾能夠及時地獲得安全有效的藥物進行治療。

三、重大傳染病事件下藥品審評審批的域外經驗研究

（一）藥品審批

1. 美國

美國的新藥審評包括兩個過程，新藥臨床試驗申請（簡 IND）審評過程，另一個是新藥上市申請（簡稱 NDA）審評過程。IND 審評主要側重於安全性審評。如果 FDA 對審評結果滿意，在收到 IND 資料後的三十天內未做出暫停臨床研究的決定，申請人就可以立即開展臨床研究。NDA 審評是藥品上市前的重要環節。NDA 審評的最主要目的是確保上市藥品的安全有效、品質可控。NDA 申報材料主要包括以下 15 個方面的內容：索引，摘要，化學、生產工藝及品質控制方面資料，樣品、包裝及標籤，非臨床藥理和毒理資料，人體藥代動力學和生物利用度數據，微生物學資料（僅限於抗生素類藥品），臨床資料，安全性資料更新報告（一般在 NDA 申報 120 天後上報），統計學資料，病例報告表，病例報告格式，專利信息，專利聲明，其他有關信息。

在應對重大公共衛生事件中，美國食品藥品監督管理局（FDA）主要的應對措施是發佈緊急使用授權（EUA），EUA 授權 FDA 在公共衛生緊急情況下，允許未經批准的藥品上市使用或者已經上市的藥品用於未經批准的用途，以應對嚴重或危及生命的疾病或狀況。EUA 的簽發必須有法定的四種決定之一，其中包含由衛生和公共服務部（HHS）部長發佈突發公共衛生事件或重大潛在突發公共衛生事件的決定。EUA 簽發需要以下四個方面的科學證據：（1）嚴重或危及生命的疾病或病症；（2）有效性證據；（3）風險效益分析；（4）無替代性選擇。在本次新冠疫情中，美國 HHS 部長發佈了關於新冠病毒的公共衛生緊急決定，之後 FDA 發佈了首個 EUA，授權疾病控制與預防中心（CDC）緊急使用 COVID-19 基於即時逆轉錄—聚合酶鏈式

反應分析技術的診斷試劑，用於符合新型冠狀病毒檢測標準患者的檢測或診斷。

同時美國還採取了加速審批（Accelerated Approval）來解決在重大公共衛生事件中藥品不足的問題，這一政策最早是為了應對人類免疫缺陷病毒（HIV，愛滋病病毒）傳播引起的公共衛生事件。FDA制定了加速批准程序，根據替代終點或中期臨床終點的預期獲益提前批准藥品用於治療嚴重或危及生命的疾病或病症，以填補未滿足的臨床需求。對於給予加速批准的藥品，上市後仍需進行確證性試驗以證實預期的臨床獲益。如果確證性臨床試驗表明該藥品確實具有臨床獲益，FDA 將對該藥品再進行常規程序的批准。如果確證性試驗未能顯示其臨床獲益，則 FDA 將採取監管措施，甚至將該藥品撤市。[8]

2. 歐盟

歐盟因其由多個成員國組成，藥品的審批程序不僅要考慮歐洲經濟一體化的統一性，同時也要兼顧各成員國的具體情況。歐盟（EU）和歐洲經濟區（EEA）現行的藥品註冊審批的途徑有三類：集中程序（CP）、分權程序（DCP）和互認程序（MRP）、成員國程序（INP）。在藥品常規申請上市程序之外，歐洲藥品管理局（EMA）設置了多種特殊審評通道，通過早期介入、優先配置資源、壓縮審評時間或者簡化審評標準、降低申報要求、動態補充資料等政策手段加快新藥審評和上市的進程。

與美國的藥品監管類似，一個藥物在歐盟上市之前需要經過臨床試驗申請和上市許可申請。臨床試驗申請需要在成員國層面獲得批准，而上市許可申請需要在成員國或者集中程序層面獲得批准。集中程序允許申請人在整個歐盟成員國之間獲得有效的上市授權，可以在歐盟成員國之間進行經營銷售，EMA 負責對申請集中審批程序的藥

8　參見趙晨陽、王洪航、黃雲虹、楊煥、高晨燕：〈美國藥品加速批准程序對我國藥品監管的啟示〉，《中國新藥雜誌》2020 年第 20 期。

品進行審評，人用藥品委員會（CHMP）對藥品出具審評意見，最終由歐盟委員會決定是否批准該許可。非集中審批程序是指向一個或多個歐盟成員國提交上市申請，由參照國對提交的申報材料進行審評，其他成員國暫時中止其申請，等待參照國的評審結果，之後審核參照國的評審結果，決定是否批准。互認程序是以單個成員國審批程序為基礎，其他歐盟成員國藥品監管機構應當認可第一個成員國的批准結果，除非有充足理由對於該藥品的安全性、有效性和品質存在嚴重問題。

隨著公眾對於健康生活的追求提高，更多疾病在科學技術不斷發展的前提下治癒的可能性極大提高，為了使用新的藥品來治療疾病，藥品監管機構能夠允許承擔一定的風險來加快藥品上市。在此種條件之下，歐盟先後建立了附條件上市許可程序、適應性審評程序和重點藥物審批程序。附條件上市許可程序是在藥品監管部門認為該藥品能滿足公共衛生的迫切需要，其獲得的收益將大於缺少詳細臨床試驗資料所帶來的風險，並且申請人可以進一步提供全面的資料時，可以對其批准一年有效期的附條件上市許可。適應性評審是適用於醫療需求較大但又難以通過以往傳統手段獲得試驗資料時的一種手段。重點藥物審批程序的主要應用場景為防控重大公共衛生事件的藥物研發、尚無有效藥品能治癒的疾病。在藥品研發的初期，藥品監管機構與申請人就會進行申請前溝通，指導申請人制定臨床試驗方案，提高臨床試驗的品質。

3. 中國內地

根據《中華人民共和國藥品管理法》（2019 修訂）的有關規定，開展藥物臨床試驗研究，我國與大多數國家採取的模式一致，均採取「默許制」，即受理後的六十個工作日如未通知是否同意，則視為同意。在突發公共衛生事件中，快速審批藥物的臨床試驗申請，是使得藥品儘快投入市場的關鍵一環。在應對本次新型冠狀病毒肺炎疫情

中，我國國家藥品監督管理局藥品評審中心及時調整了相關政策，設立了四個藥品審評審批的快速通道：特別審批程序、突破性治療藥物程序、優先審評審批程序、附條件批准程序。

特別審批程序適用於突發公共衛生事件中為了控制疫情所需藥品的註冊申請，藥品特別審批程序啟動後，註冊申請統一由國家藥品監督管理局負責受理，受理後應當在 24 小時以內組織對註冊申報資料的技術審評工作，並應當在審評工作完成後三日內完成行政審查工作，作出審批決定並告知申請人。[9] 在本次疫情中倫地西韋的臨床試驗研究是通過特別審批程序獲得批准的。附條件批准程序的適用範圍中涵蓋了美國和歐洲的要求，同樣包含為應對公共衛生事件所急需的藥品。在本次疫情中，國內外已經陸續有新冠疫苗的附條件批准上市。通常情況一款疫苗從研製到上市需要八至二十年的時間，附條件批准上市可以加速疫苗投入市場。目前我國已附條件批准四款新冠疫苗上市，其中包括三款新冠滅活疫苗和一款腺病毒載體疫苗。

（二）藥品互認

1. 美國與歐盟藥品互認現狀

美國國會在 2012 年通過了一部《美國食品藥品管理局安全和創新法案》（*Food and Drug Administration Safety and Innovation Act, FDASIA*），該法案可以被認為是美國建立藥品互認制度的基礎性法案。法案內容主要規定了 FDA 在確認國外藥品監管機構對於藥品的審批能夠滿足 FDA 要求的情況下，FDA 有權與該國藥品監管機構簽訂協定，認可該國藥品監管機構的審批結果。2014 年，美國 FDA 與歐盟正式訂立了 FDA-EU 藥品檢查互認協議（Mutual Recognition

---

9　原國家食品藥品監督管理局：《國家食品藥品監督管理局藥品特別審批程序》（國家食品藥品監督管理局令第 21 號），[EB/OL](2005-11-18)[2020-03-04]，http://www.nmpa.gov.cn/WS04/CL2077/300621.html。

Agreement，MRA），該協議訂立後，美國 FDA 與歐盟 EMA 之間相互認可對方對藥品生產品質管制規範（Good Manufacturing Practice，GMP）檢查結果。當前，美國和歐盟雙方正在就雙方藥品監管機構進行互動式的檢查能力評估，並就相關監管體系運行事項進行協商，其中就包括 GMP 標準及其檢查方式和授權等。在協議正式實施後，美國 FDA 將會把節省下的藥品審批資源投入到重點地區，其中就包括我國，歐盟也會將其檢查中心從美洲等國家轉移到亞洲國家，屆時我國製藥企業將會面臨更加嚴格的審查。

2. 中國與其他國家和組織的藥品互認現狀

我國目前對國內製藥企業已經實施 GMP 標準二十餘年，但是我國現行 GMP 檢查標準與大多數世界發達國家和發展中國家尚未達成互認協定，這將在一定程度上影響我國國內製藥企業將產品銷售至國際市場的進程，同時也會影響我國藥品監管機構的國際認可度。2017 年我國藥品監管部門加入了 ICH（International Council on Harmonization of Technical Requirements for Registration of Pharmaceuticals for Human Use），該組織最早是由美國、歐盟和日本三方藥品監管部門和製藥行業在 1990 年發起，旨在協調全球藥品監管系統標準化。我國加入 ICH 可以更好地加強與國際藥品監管機構和藥品企業的交流與合作，推動我國藥品審評審批制度改革。當前我國執行的《藥品管理法》和《藥品註冊管理辦法》中的標準與 ICH 指導原則之間仍存在一定的差距，我國已經完成對於 ICH 技術指南部分轉化為國內藥品審評審批的規範改革，今後有關藥品註冊管理的法律法規的修訂方向就是進一步與國際接軌，將藥品審評審批標準進一步提高。在 ICH 的體系之下，我國國內患者可以比過去更早地使用外國進口的新藥，醫生和患者在藥品選擇上具有更多的藥品選擇，國內的臨床藥物試驗也能得到本質上的提升。

四、重大傳染病事件下藥品審評審批體系的構建

（一）緊急使用授權制度的引入

為了更好地保障公共安全，澳門特別行政區政府應當將應對突發公共衛生事件的工作全面納入法制化軌道，在當前對於應急藥品的審評審批和監管立法空白的情況之下，有必要制定在突發公共衛生事件下對應急藥品緊急使用授權的法律依據，建議建立藥品緊急使用授權管理制度，制定《藥物緊急授權管理辦法》，對緊急使用授權的法律地位進行明確界定，對緊急使用授權的啟動條件、藥品範圍、審評部門、審評程序等進行規定。在國家衛健委的指導下，由澳門特別行政區新成立的藥物監督管理局牽頭，聯合衛生局等相關部門建立緊急使用授權委員會。

關於緊急使用授權的啟動條件和藥品範圍。緊急情況的認定標準應當以國務院、國家衛健委宣佈的突發公共衛生事件或者進入緊急狀態為依據，亦或是在世界衛生組織宣佈全球或部分地區發生公共衛生事件為依據，已經確認存在嚴重危及生命的疾病。緊急使用授權批准的藥品範圍應當包括未批准上市的新藥以及已經獲得批准上市的擴大範圍使用的藥品。對於藥品有效性的認定標準，可以比常規藥品申請上市的有效性標準有所降低，試驗資料的來源既可以是在本澳範圍內獲得的，也可以是在境外獲得的。

關於緊急使用授權的審評程序。緊急使用授權評審應當分為兩種模式，第一種模式是在本澳尚未發生突發公共衛生事件，但是周邊地區或世界範圍內已經發生並且有傳播擴散到本澳風險的情形下，可以採取緊急使用授權，以批准疫苗類產品為主進行採取預防性措施；另一種模式是在本澳已經發生突發公共衛生事件，可以採取緊急使用授權批准治療性藥品投入臨床治療適用。根據不同的情形，可以根據緊急程度和風險收益評估豁免或部分豁免提交臨床試驗資料，直接提交上

市許可申請。藥物監督管理局的審評中心可以決定簡化部分審批流程，壓縮審評時限。對於符合緊急使用授權條件的申請人，藥物監督管理局可以在申請前介入，對申請人的試驗方案和合規性進行指導和幫助。

關於緊急使用授權上市後的安全監管和責任豁免。對於緊急使用授權的藥品可能會存在缺少部分臨床試驗資料等情形，應當對此類藥品採取附條件批准程序，要求申請人在上市後繼續提交臨床試驗資料並定期提交安全性分析報告，如發現存在安全性不明的情況，藥物監督管理局可以隨時撤銷緊急使用授權。對於緊急使用授權下藥品的不確定性帶來的安全性問題，可以給予藥品的廠商在一定範圍內的賠償責任豁免。建立突發事件致損賠償基金，對使用採取緊急使用授權藥品的使用者遭受的侵權損害給予行政補償。

（二）附條件批准制度的引入

可在澳門第 59/90/M 號法令中引入附條件批准制度，在申請藥品未完成完整的臨床試驗研究下，可以通過先批准後驗證的形式使得具有顯著臨床治療價值的藥品快速上市。附條件批准制度的定位是基於突發公共衛生事件下的一種特殊審評通道，並可以結合上文所提到的緊急使用授權制度配套建立。

關於附條件批准制度的適用條件。附條件批准的適用條件應當限定在以下幾個情形：嚴重危及生命且尚無有效藥品，臨床試驗資料已經能證實藥品的有效性並可以據此資料預測其臨床價值；在公共衛生事件中所急需的藥品，臨床試驗資料已經能證實藥品的有效性並可以據此資料預測其臨床價值；為了應對突發公共衛生事件所急需的疫苗，經評估收益大於風險。

關於附條件批准制度的審評。對於符合附條件批准的申請人，藥物管理局可以與申請人提前進行溝通交流，加快在後期審評過程中的速度。在審評過程中，可以加強與澳門高校、研究所的合作與交

流，建立專家諮詢委員會機制，加強對於藥物的安全性和有效性的審評。在附條件批准時，雖然與常規批准程序相比，臨床研究時間被暫時縮短，但對於藥品的藥學、毒理學時間不能縮短。在臨床試驗設計和執行過程中應該嚴格按照指導標準要求，經過科學研判後才「附條件批准」，而不能為了「附條件批准」而去制定相應的臨床試驗方案。附條件批准的審評的核心價值就是已經獲得的臨床試驗資料要能顯著地體現獲益大於風險，並且申請人應承諾在上市後完成剩餘的試驗研究，以證明藥品的臨床獲益。

關於附條件批准的上市後監管和安全防控。藥品獲得附條件批准不意味著藥品申請的結束，藥品獲得附條件批准上市後，應該按照與藥物監督管理局所達成的共識，繼續按照規定完成剩餘試驗研究，應當如期完成確證性臨床試驗來確定藥品的臨床收益，應當在上市後的臨床試驗中繼續獲取安全性資料，定期向藥物監督管理局提交安全性評估報告和藥物使用風險情況。在申請人能夠按照常規藥品批准程序提供全部試驗資料和申請資料後，附條件批准程序可以轉化為常規批准程序。如果上市後臨床試驗資料不能證明該藥品的臨床收益或未能按期完成確證性臨床試驗，可以暫停或撤銷其附條件批准。

近些年國家高度關注、大力支持澳門特別行政區醫藥產業的發展，支持澳門發揮「一國兩制」的優勢，支持澳門構建世界一流的醫藥創新平台，推動澳門實現產業多元化發展。在藥品評審方面，澳門特別行政區一直致力於不斷完善藥品審評註冊辦法，並積極推進藥物註冊法的立法。澳門地處粵港澳大灣區的重要位置，與香港內地緊密聯繫，在條件成熟時，可以推動與香港、內地藥品的互認制度，使更多澳門藥品可以在內地和香港獲得上市許可。應當由國家藥品監督管理局規範技術評審標準，制定與國際接軌的技術評審標準，在初步實現與內地藥品互認制度的建立後，可以展望與歐盟等組織訂立藥品互認協定，幫助澳門製造的藥品走向更大的世界舞台。

第四章

澳門特區重大傳染病事件行政應急行為實施標準研究

澳門特區重大傳染病事件中封閉管理的實施標準研究

◇◇◇

一、重大傳染病事件中封閉管理措施背景

新型冠狀病毒肺炎類流感化症狀、傳播途徑多樣與不斷變異的病毒株使得其具有大流行性，成為國際關注的重大傳染病事件，感染人數的上升導致醫療、經濟、教育等領域癱瘓，公共健康安全無法得到保證，嚴重影響社會正常運轉，對社會經濟與秩序產生嚴重衝擊。重大傳染病事件的頻發對現代社會治理提出挑戰，政府作為公共行政主體，承擔著社會調控、保護個體的責任。疫情對每一個人都存在健康威脅，「生命至上」理念是人類生命權健康權最基本的承諾，踐行「生命至上」理念，及時高效地實現人權保護是政府行政職責的本質要求。在新冠疫情背景下，澳門特區政府在「一國兩制」方針的指導下，落實中央政策，從科學精準、動態清零的理念出發，始終將社區居民的健康和生命安全列為疫情防控當中的第一考慮因素。

此次疫情防控中，特區政府設立新型冠狀病毒感染應變協調中心，並根據相關法律實施特別措施，採取了以行動限制和封閉管理為主要手段的應急強制管理措施。在澳門特區的實踐過程中，可以將政府採取的應急強制管理措施按照實施手段和實施範圍劃分為一般性強制管理、全域性行動限制和全域性封閉管理。儘管澳門特區所實施的

應急強制管理措施在數次疫情爆發中取得一定效果，阻礙了疫情的進一步擴散，但在實施過程中依舊存在著質疑的聲音，對於在何種情況下應當採取應急強制管理措施和採取不同類型應急強制管理措施的標準，依舊存在不同的觀點。甚至有觀點認為，澳門現行一般性強制管理存在不合理性，與內地對應的防疫管理模式相比較為寬鬆，防範效果值得商榷。在澳門特區針對新型冠狀肺炎病毒疫情應對的全過程中，特區政府曾實施過一般性強制管理和全域性的行動限制，而未曾實施過全域性的封閉管理，但當局也曾在發佈會中表示不排除當疫情發展到一定的嚴重程度後，將會進行全域封閉管控。一方面，部分觀點認為全域性的封閉管理具有強烈的個體自由侵犯屬性，不具有法理支撐，不符合本地的實際情況，其能否在實踐中落地澳門有待探討；另一方面，即使應當實施相應措施，其實施的標準和限度尚不明晰。有質疑認為在澳門目前的具體實施細則中，對劃分標準不夠明確，無法做到精準防疫，標準之間的差異可能導致防控存在漏洞，被採用應急強制管理措施的居民受管制後無相關人員進行解釋，且沒有相應的生活物資配給。上述的質疑表明特區政府未能做到具體實施標準的釋明，甚至忽視了受波及民眾的精神層面需求。

圍繞上述聲音，筆者致力於梳理現有的澳門特區應急強制管理制度體系邏輯和合理規範，從行政法的角度為澳門應急強制管理措施的實施標準提出一定的建議。

另一方面，在疫情防控的後半階段，疫情防控轉入常態防控和小規模爆發防控相結合的防控模式，在比例原則的要求下，對於防疫手段的適度性要求成為該階段需要重視的內容。適度性標準的法律制度需要通過妥善的程序設定對要素進行識別，建立具體可操作的原則性標準，確保重大傳染病事件中防控制度合法合理。目前學界對於疫情防範領域中的研究主要集中在針對中國內地防疫措施的分析和研究，在行政法領域中的研究也集中在法理基礎和組織法的研究，對於

具體的適用標準研究不多。尤其是現有研究對澳門地區的應急管理幾乎沒有涉及，標準的缺失將會影響制度的基礎支撐。據此，針對澳門地區的實際情況，研究重大傳染病事件下的應急強制管理，深入探究理論，有利於進一步完善應急法律體系，豐富完善應急法治理念。

結合過去實踐情況中存在的問題，通過結構約束規制政府權力對應急強制管理的裁量，將有助於提高城市對突發事件的防範能力，探尋公共與個體平衡，對居民權利提供法律保障，作出符合重大傳染病情況的制度安排。有必要完善相關理論，解釋實踐爭議，改進澳門地區的應急強制管理，為政府提供參考意見，提高制度效率和應對能力。

二、重大傳染病中應急強制管理制度概述

（一）強制管理的概念與分類

強制管理是社會治理的常用手段。除傳染病防治外，在社會生活中多常見於學校管理、醫院管理以及監獄管理。新型冠狀病毒作為重大傳染病事件，在社會治理的視角下，應當根據法律的相關規定採取應急強制管理措施。但疫情初始時，由於對病毒認識不清、情況緊急且迫切危害群眾生命等情況頻出，因此各疫情爆發地對於強制管理的標準和適度性也就不可避免存在主觀差異，實施措施程度也就相應不同。因此筆者認為應當從概念開始進行分析，通過釐定基本特徵和分類的方式明確其法理定位。

筆者認為，應急強制管理針對實施手段和管理範圍的不同，可綜合分為三大類：一般性強制管理、全域性的行動限制管理和全域性的封閉管理。在澳門特區的傳染病防治實踐當中，通常由澳門特別行政區行政長官通過行政長官批示以第 2/2004 號法律《傳染病防治法》

作為依據實施強制隔離或者實施特別措施。[1] 結合相關實踐，筆者認為應急強制管理的概念和具體分類如下：

1. 一般性的強制管理

一般性強制管理，又稱為局部管控，是指發現需要應急處理的重大傳染病的陽性病例時，通過清晰的流行病學溯源鏈設置風險區域，分析判斷病例的感染來源後封閉特定區域。

其實施原理是當區域存在重大傳染病類的疾病暴露的危險，但尚未出現確診和病因表現時，由於涉及人員眾多，範圍較為廣泛，通過劃分集中部分樓宇或街道阻斷疾病的傳播和擴散。因區域內與有傳染性的患者接觸可能性較大，易有較高的被感染性，故運用行政權暫時限制部分民眾自由流動的人身自由具有相應的合理性基礎。

一般性強制管理具有靈活性的特點。作為與全面性的管控和針對性的強制隔離相比相對溫和的一種行政行為，其通過靈活調控、針對性命中傳染源的方式及時進行預警，劃分街區管理，防止疫情擴散。而如果該區域潛在的危險已經轉移或不具有風險性，當局也會調整已經採取的措施，以取消或降低對民眾的權利限制。

澳門特區的一般性強制管理通常採用區域管控措施。區域管控措施是指採取對病例及其接觸者的追蹤隔離，對有關活動地區進行區域性的封控、管控和防範措施，如分區分級精準防控（劃定紅、黃碼區）。傳染病個案所在的同一大廈內出現高於一定標準的傳染病個案，則所在的區域劃為封控區，實施「只進不出，嚴禁聚集」管理措施；傳染病個案所在的同一大廈內數量低於一定標準則該大廈劃為管

1　澳門特別行政區第 2/2004 號法律《傳染病防治法》第 14 條「控制措施」規定：「一、對感染、懷疑感染傳染病的人或有受到傳染病感染危險的人，衛生當局可採取下列措施，以防止傳染病的傳播：（一）在指定的時間及地點接受醫學觀察或醫學檢查；（二）限制進行某種活動或從事某種職業，又或為進行某種活動或從事某種職業設定條件；（三）按下條規定進行強制隔離。二、命令採取上款所定措施的決定應以書面方式作出，並說明理由，尤其應載有疾病的特徵及預計採取措施的期間。」

控區，實行居住點與工作點之間「兩點一線、非必要不離開」的管理措施，並進行病毒檢測或健康檢測。

封控區實施全封閉式管理，關閉區域內的公共場所，足不出戶、不得離開，但可進行領取生活配給品的必要最低活動。其在新冠疫情的防控實踐中使用紅色健康碼管理，即封閉區域人員的澳門健康碼顏色識別為紅色（健康碼作為出行評估的參考因素），並在紅碼範圍內根據確診者和密切接觸者更細一級的分級進行管控。

管控區是指相關居住地工作地及周邊區域的居民嚴禁聚集，實行居住點與工作點之間「兩點一線、非必要不離開」管理措施，需多次病毒檢測及健康監測或自我健康管理。通過劃分個體風險，提供行為指引的詳細規定，民眾自由限制較為緩和。管控區在新冠疫情實踐當中使用黃色健康碼進行管理，即管控區內人員的澳門健康碼識別為黃色。相對一刀切的封控支持論，管控區的設置秉持克制適度、提高行政效能、審視公權力的裁量標準。

與之相對應的內地地區的傳染病防控事件當中，應急強制管理下的局部管控分為中風險區和高風險區。高風險區指傳染病病例居住地，活動頻繁且疫情傳播風險較高的工作地和活動地等區域。原則上以居住社區或村莊劃定，封控區域內實行「足不出戶、上門服務」的措施。高風險區一定天數無新增感染者降為中風險區。中風險區是病例和無症狀感染者停留和活動有一定時間，且可能具有疫情傳播風險的工作地和活動地等區域，採取「人不出區、錯峰取物」管控措施，一定天數無新增感染者降為低風險區，不再受應急強制管理措施限制。[2] 內地在一般性封閉管理中未以確診者或密切接觸者劃分局部管控制度，統一以感染者規定，但對區域的降低標準制定時間，標準設

2　中國疾病預防控制局：《關於印發新型冠狀病毒肺炎防控方案（第九版）的通知》，http://www.nhc.gov.cn/jkj/s3577/202206/de224e7784fe4007b7189c1f1c9d5e85.shtml（最後訪問時間：2022 年 6 月 28 日）。

定更為細緻，在重大傳染病事件防控中更重視效率價值。

2. 全域性的行動限制

全域性的行動限制，是以降低社會人流為目標的限制措施，在風險程度較低時為減少社會面接觸導致的傳播而先行實施的行政手段。整體層面上的全域性行動限制是指在整個行政區域內要求暫停非必要的實體和場所營運，必要性質的聚集場所以及人數需先行得到政府批准才可進行，並限制場所聚集的人數以及場地內每個時間段的人群數量；個人層面的全域性行動限制是指非維持社會必要運作的人員，都須留在居所，但豁免居民外出採買生活物資的行為。同時要求必要外出的人員，應當佩戴防護規格更高的口罩。公共設施如交通則維持有限度且有特定路線的調動運轉。

澳門特區目前有過具體實踐的全域性行動限制主要可以劃分為兩種層次。一種是在疫情爆發時針對娛樂、飲食、旅遊、公共服務場所的進行暫停營業和停止服務的限制，以第 102/2022 號行政長官批示為典型代表；[3] 另一種則是關閉所有從事工商業活動的公司、實體和場所（除部分必要設施和豁免設施外），並要求所有人員留在住所，但因執行必要的工作、購買生活物資，又或其他緊急原因必須外出者除外，以第 122/2022 號行政長官批示為典型代表。其中第二種通常被稱為「相對靜止」。在「相對靜止」狀態下，若商號應關閉而不關閉，又或是市民不是因為緊急或者是維生需要外出，比如去公園或者運動，都是不被允許的。「相對靜止」的執行狀態是希望將社會人流降到最低，而非網格化管理、封城、全民禁足。

3　第 102/2022 號澳門特區行政長官批示：「一、為防止新型冠狀病毒肺炎在澳門特別行政區的傳播，自二零二二年六月二十三日下午五時起，命令適用下列特別措施：（一）關閉所有的電影院、劇院、室內遊樂場、遊戲機及電子遊戲室、網吧、桌球室、保齡球場、蒸氣浴室、按摩院、美容院、健身院、健康俱樂部、「卡拉 OK」場所、酒吧、夜總會、的士高、舞廳、歌舞廳、理髮店及向公眾開放的泳池；（二）停止所有的餐廳、飲料場所及飲食場所向公眾提供在有關場地內進食及飲用飲品的服務，但不妨礙外賣服務的提供。」

區分一般性行動限制的實施標準和中止標準、預防與防範目的不同，明確及時遏制疾病傳播的實施目的，達到社會正常生活狀態，有利於突發衛生事件的防範提供效率與平衡的內涵。

3. 全域性封閉管理

全域性封閉管理，區別於一般性的應急強制管理和全域性的行動限制，是指在流行病學溯源鏈無法清晰判斷，可能混雜著多種傳播因素，且疫情擴散在上述手段下已經無法得到有效控制，需要從空間上整體性封閉的行政措施。全域性封閉管理的剛性具有三大目的：第一，通過封閉性的強制管理重建防疫基礎，穩定社會秩序。第二，通過封閉性的強制管理大幅減少行政運作成本，在緊急時期以較少資源調控城市整體運作。第三，通過封閉性管理將全域內的社會接觸降到最低，最大程度地阻斷傳染病的傳播途徑。全城管控模式下將採取最低限度進行城市運轉，對除維生設施外的公共設施等全部關閉，居民禁止外出，暫停居民以及旅客的出入境。

具體實施層面分為防範和管控兩種層面。防範將根據疫情風險，收緊出入境限制，徹底關閉除維生外公共場所，加強區域環境情節消毒等。管控是在社區疫情有嚴重風險時，實行澳門全體居民不出門，即「禁足」。截至 2022 年 7 月 20 日，澳門暫未並未實行過全城管控，因此未對制度進行細化制定。在上述已有法律規制的封閉管理與局部管控的實踐經驗的情況下，全域性管控啟動標準具有欠缺，對日後管控規範留下了隱患。為此需要在提升現有制度的基礎上，構建全域管控實施和解除的原則性標準，提供防疫秩序保障。

（二）重大傳染病與應急強制管理的關係

重大傳染病指嚴重影響公共健康，短時間內發生大面積的感染病例，且有一定數量的因該病死亡的患者的公共衛生疾病。具體而言，需要是法定範圍內的傳染病，如澳門《傳染病防治法》中第一類

國際衛生條例所規範的傳染病及其他具有高度傳染性的疾病，以及《中華人民共和國傳染病防治法》第 30 條所稱的傳染病；還要符合時間上的限制和感染率的突然上漲，本質上也就是需要符合突發公共衛生事件危機性、緊急性和公共性的特徵。[4]

在面對重大傳染病時，行政機關可因公共管理的需要，採取特殊應急措施。這類應急措施的出現是為了儘快消除社會中的異常緊迫狀態，恢復社會秩序和運作，使社會早日回歸日常生活。世界各國在應對重大傳染病事件的防控措施往往有所不同。

以新型冠狀病毒疫情防控為例，中國內地根據疫情擴散相對應的風險等級，設置了不同等級的封閉措施，疫情嚴重時可對相應省份進行整體設置，根據實際要求也可細至鄉村、街道、社區。且對相應區域及與感染者有接觸史的風險人群以健康碼為黃碼做識別，對這類人士實行居家觀察隔離，限制其外出，設置專用檢測點，及時檢測恢復健康碼正常狀態。但是也因為風險等級設置的決定權相對分散，各個省市限制聚集的措施和標準都有所不同，導致各地均採用了比較概括、籠統、模糊的表述對其進行規定，例如使用「動態評估疫情擴散風險」、「根據疫情情況限制群眾性活動」等概念，賦予了各地、各級行政機關更多自由裁量權，不針對某一方面作詳細、具體的強制性規定，充分賦權予各級行政機關根據各省、市、區疫情發展的具體動態，採用分級分區應急處置措施限制聚集性活動。這種做法是將限制聚集的主導權完全交給行政機關，公民的自主權受到了極大的限制，對行政機關的專業水平要求極高，並且需要加強對行政機關的有效監督，否則極易造成公權力濫用。同時，中國內地的風險區實行「足不出戶」以及「足不出區」的管理措施，一般同時還規定了就醫需持一定期間內的核酸陰性證明，因為該政策的實施，出現了多起急診患者

4　參見胡曉翔、于翠婷：〈重大傳染病疫情防控中的強制措施法律問題〉，《南京中醫藥大學學報（社會科學版）》2020 年 6 月第 21 卷第 2 期，第 151 頁。

因未持有核酸陰性證明或因其住所在中、高風險區而被禁止出行錯失救治最佳時機，導致患者死亡的事件。[5] 中國台灣地區則依照患者的發病症狀程度區別為醫學隔離或居家隔離，行動限制僅針對需要隔離的人士，美國、英國等國家提倡患者選擇自我隔離，對患者宣導避免前往人群聚集之場所，未有明確的行動限制指示。綜合多個國家和地區的防疫經驗，可以參照社會風險等級的平衡內涵，根據空間、時間和整體範圍進行分析，將重大疫情之下的傳染病風險劃分為五類等級：預防風險，限制風險，一般風險，較大風險和重大風險。如表 1 所示。行動限制在疫情初始之際，為世界各地所適用，但實施時間與範圍較短。封閉管理僅在部分國家地區有實施該措施，不具有普適性。

表 4-1　五類社會風險等級

風險等級	產生背景	政府行為
預防風險	出現疫情風險，社區可能存在傳播因素	宣導性建議
限制風險	局部社區出現感染可能	控制社交距離，限制聚集
一般風險	社會出現零散的感染者，並具有擴散的趨勢	隔離有感染風險的接觸個體，實施醫學觀察，視情況使用區域性封閉管理措施
較大風險	社會出現傳染病，感染鏈條單一，有較多的接觸者，但尚未造成大規模死亡	進一步採取區域性封閉管理措施，考慮實施相對較輕的全域性行動限制措施

5　參見〈疫情之下就診被拒，上海一名護士哮喘發作致死〉，騰訊網，https://new.qq.com/omn/20220325/20220325A0DPR000.html（最後訪問時間：2022 年 6 月 28 日）。

風險等級	產生背景	政府行為
重大風險	社會存在著混合的多種傳播原因，城市擴散感染出現大量確診者和死亡人數	在採取區域性封閉管理措施的基礎上實施全域性的行動限制措施，並在情況急劇惡化的情況下考慮採取全域性的封閉管理措施

本文所探討的三種應急強制管理是在一般風險及較大、重大風險下行政機關可以採取的應急行政行為，是通過限制實體提供服務和經營和限制居民的行動以達到有效遏制疫情傳播目的的措施，旨在保護整體公共利益。應急強制管理直接影響個體自由的支配意志，限制人身出行。但其目的著眼於公共保障，消除疾病隱患，降低城市運作成本，換取更大的經濟利益。

（三）澳門特區有關防疫應急強制管理的現行法律

澳門第 2/2004 號法律《傳染病防治法》將傳染病按照傳染性的高低程度分為：國際衛生條例所規範的傳染病及其他具有高度傳染性的疾病，可在人與人之間傳播的疾病以及一般不會在人與人之間傳播的疾病。2013 年修改澳門第 2/2004 號法律《傳染病防治法》，參考國際疾病分類，法律層面確定懷疑感染者以及接觸者強制隔離，新型冠狀病毒屬於嚴重急性呼吸系統綜合症冠狀病毒，屬於澳門地區第 2/2004 號法律《傳染病防治法》附件內的第一類國際衛生條例所規範的傳染病及其他具有高度傳染性的疾病，需要採取強制隔離，構成應急強制管理制度的合法性基礎。

強制管理是對特定群體的限制行為，將民眾限制在居所或固定場所。制定行政決定制約公民權利，需公開批示明確居民的知情權和監督權，約束政府機關的自由裁量權，防止不合理實施，建立個體和政府的信任度。制度的規範化將發揮責任效果，避免損害的發生。

澳門特區目前實施的關於應急強制管理制度的法律依據主要是《澳門特別行政區基本法》第 50 條和第 2/2004 號法律《傳染病防治法》第 23 條、第 24 條以及第 25 條的相關規定。其中第 2/2004 號法律《傳染病防治法》第 23 條規定了可以實施特別措施的緊急情況；第 24 條規定了行政長官下達實施特別措施的命令應當以《澳門特別行政區公報》公開批示決定適用或解除的特別措施，應明確所採用該特別措施理由、種類以及開始使用時間；第 25 條則規定了行政長官可命令實施一系列的特別措施內容，我們所討論的應急強制管理措施便陳列於該條部分款目中，比如「將有受到傳染病感染危險的在特定地方的人或特定群體的人隔離、限制其活動或為其活動設定條件」、「限制出入特定的區域和場所」等等，該規定賦予了澳門政府實施應急強制管理措施的法律基礎。[6]

第 2/2004 號法律《傳染病防治法》規定了特別措施由行政長官採用行政命令的方式進行公佈，並非以法律形式或者是行政法規的方式進行確定，對於公民權利的保護存在一定的不利之處，但卻有利於緊急疫情狀態下疫情防控的及時性。

三、澳門特區應急強制管理制度實施標準研究

（一）實施標準的建立路徑

應急強制管理制度作為現代政府應對重大傳染病事件所普遍採用的一種行政強制措施，是恢復公共健康的重要工具，在保護公眾生命健康和維護社會秩序方面具有不可忽視的作用，就其實施機制而言，是一種「在維護公眾健康名義下，全能國家的治理模式被應用到重大傳染病事件的應急治理當中，形成了重大傳染病事件當中政府

6　澳門特別行政區第 2/2004 號法律《傳染病防治法》第 24 條。

單邊治理的應急管理模式」[7]。這也意味著,作為一種限制公民權利的行政手段,其一旦行使不當,極有可能演變成侵犯公民權利的工具。正是因為對於具有限制性質的行政手段的重視,所以我國早有學者在「非典」防控時期就已經提出在公共衛生應急法律制度當中應當加入緊急程序條款。[8]而就澳門特區的第 2/2004 號法律《防治傳染病法》而言,其 23 至 24 條僅就隔離對象和隔離批准作出了基本的規定,但是對實施的具體程序和標準著墨甚少,在具體執行中難以起到實質性的引導和規制作用。

事實上,行政法的規制在傳染病防治領域存在一定的局限。一方面,在重大傳染病事件當中,緊急狀態本身之所以很難通過法律來進行預期和規制,恰恰是因為緊急狀態下賦予行政權更大的行使空間導致行政權往往遵循政治的邏輯進行決斷而非通過理性的邏輯;另一方面,傳染病防控措施當中的標準劃分很大程度上參考了醫學意義上的專業判斷,尤其是傳染病學方面的指導,因此很難從行政法意義上明確可量化的具體標準。但是這並不意味著行政法在傳染病防治上不能予以指導,甚至反而更需要重視行政法原則性標準的建立,防止對其他學科知識的過度依賴導致的法律規制缺位現象。

中國內地的防疫標準為澳門提供了實踐性的參考,但難以完全符合本地實際需求。澳門作為旅遊城市,其無法具備高強度局部管理,並且澳門與周邊城市存在長期的跨境交融,城市之間聯繫緊密。雖提供了一定的參照依據,但實行標準應當更多從本地經濟承重牆的旅遊業需要出發,以本地實際情況作為原則性標準建立相關路徑。

---

7 參見陳穎健:〈我國突發公共衛生事件應急管理模式變革〉,《中國衛生政策研究》2013 年第 6 期,第 58-64 頁。

8 參見莫于川:〈建議在我國行政程序法典中設立緊急程序條款〉,《政治與法律》2003 年第 6 期,第 8-11 頁。

（二）必要性原則指導下的底線具體化

侵害最小性來源於必要性原則，是指在能達成法律目的所有方式中，應當選擇對人民權利最小侵害的方式。換言之，已經沒有任何其他能給人民造成更小侵害而又能達成目的的措施來取代該項措施了。這裏實際包含兩層意思：其一，存在多個能夠實現法律目的的行為方式，否則侵害最小性將沒適用的餘地；其二是在能夠兌現法律目的的眾多方式中，選擇對公民權利自由侵害最輕的一種。這是從法律後果上規範行政權力與所採取措施之間的關係。[9]

對於是否應當在應急強制管理中不同手段的適用選擇上以最小損害原則作為首要標準事實上存在一定的爭議。毫無疑問行政行為的實施必須要遵循行政法意義上的比例原則，但是在緊急狀態下適用標準建立的選擇上，必要性原則作為其子原則是否依舊具有足夠的優先性仍是可以討論的問題。事實上，學界對此也存在一定的爭議。陳越峰認為，在通常情況下採取行政強制措施確實需要侵害最小性原則；但是在突發事件應對中，特別是自然災害應對中，並無直接的致害人，行政機關應具有保護公民、法人或其他組織人身財產安全的職責。此時，如果說要採取最小侵害的措施來保護相對人，似乎很難說得通。[10] 王書成也認為在情境化的行政過程中，所謂侵害最小不是絕對的，而是相對的。只能盡力在行為的過程中尋找最佳結果，而無法期待從標準選擇上就獲得絕對的、必然的最小侵害。[11] 甚至有觀點認為，一般緊急狀態下，公共利益的危險程度並不是特別緊迫和重大，比例原則還有一定的適用餘地，但對於特殊緊急狀態和戰爭狀態，考慮到時間特別緊迫，比例原則絕沒有適用的可能。[12]

9　參見高景芳、郝雷、張青：〈行政法之比例原則初論〉，《蘭州學刊》2003 年第 2 期。

10　參見陳越峰：〈突發事件應對中的最大保護原則 —— 以公開劫持人質事件處置為例〉，《行政法學研究》2012 年第 1 期。

11　參見王書成：〈比例原則之規範難題及其應對〉，《當代法學》2007 年第 6 期。

12　參見梅揚：〈比例原則的適用範圍與限度〉，《法學研究》2020 年第 2 期。

與此相對的意見則有，蔣紅珍提出侵害最小性是一個連接點，通過提供一套相對清晰的檢視標準，從而能夠從源頭上避免司法運用寬泛價值判斷所帶來的高度主觀化風險。[13]

筆者認為，陳越峰和王書成兩位學者只觀察到突發事件具有緊迫性的表層特點，而忽視了這種緊迫性導向更可能伴隨著激進性的行政行為。面對緊急事件的需求與手段，默許行政應急手段可以對侵害最小性原則有一定程度的干擾破壞，事實上是對最小損害原則的錯誤理解。

以緊急狀態直接否決比例原則適用並不妥當，且忽視了比例原則的帝王地位。自由與秩序並非絕對是衝突相對。緊急狀態下對於比例原則的遵循實際上是對公共保護的最大體現，應適當兼顧民眾需求，照顧個體差異。公共管理活動對目的正當性的訴求與個人基於權力正義的利益保護具有相容性。在現代行政治理當中，公共管理部門在目的正當性與手段正當性的訴求上應當是相輔相成的。[14] 侵害最小性原則要求行政行為的手段具備溫和性，對目的實行必要限度的制約，其在標準建立上的原則性體現應當是，公權力機關要根據管理的必要性與居家限制的居民所需性來界定強制管理的實施規則和實施類型。

正如蔣紅珍所指出的，侵害最小性原則是一種原則性的判斷標準，面對公共健康的利益需求和個人權益的衝突，應在目的導向下選擇對個人和社會權益損害最小的方式實施。而重大傳染病事件中應急強制管理制度是以維護公共利益、消除威脅社會或部分群體的生命安全的高危疾病因素為整體目標，通過強制管理儘快消除社會環境中疾病傳播因素。制度的強制性特點意味著由公權力機關行使權利，避免

13　參見蔣紅珍：〈論必要性原則適用的困境及其出路〉，《現代法學》2006 年第 6 期。

14　參見顧凌雲、譚安奎：〈目的與手段：公共管理中的雙重正當性分析〉，《北京航空航天大學學報（社會科學版）》2010 年第 03 期。

出現行為主體不合法的現象。基於傳染病的潛伏期特性實施對居民強制的管理，既保護了公共利益，也為民眾提供了必要的人文關懷，平衡了法律目標與價值取向，遵循了過程主義的靈活性，使得其不止具有合法合理的內涵，更蘊含制度靈活的主旨。明確了目的導向，最小侵害原則就要求行政主體在達成法律目的的基礎上對其適用的手段進行一定程度上的取捨。

　　以上文的三種不同的分類方式造成的侵害程度展開討論，一般性的強制管理，即區域性的強制管理是限制性最小且能夠有效地控制傳播途徑的防控措施，其通過區塊化的劃分將疾病感染因素與社會群體分割，儘可能減少正常生活工作造成不良影響，其損害性是三種手段當中最小的。對於全域性的行動限制而言，由於其對於社會運作和個人自由更大幅度的限制，通過全域的減少聚集或者是「相對靜止」達到減少整個社會面接觸傳播的防控目的，這也意味著其帶來的對社會經濟的損害和個人權益的侵害一定是更大的。而對於全域性的封閉管理而言，往往是應對社會嚴重的風險下，以儘快恢復正常秩序為衡量，在這種風險下若放任疾病因素的傳播，會造成城市秩序的崩潰，從而導致社會經濟崩塌，進而居民的正常生活需求無法得到保障，因此其採用的防控手段是最激烈的，是通過社會面的整體停擺和全域性的封閉最大程度上阻斷疫情的擴散，達到防控效果的同時也難免造成最大的社會經濟損害和個人權益的侵害。

　　就澳門地區特點而言，澳門人口密集，工作及居住場所混雜，不像部分的大型都市有獨立的辦公區域及完善的社區管理制度，加上要考慮城市靜止後的全民維生、物資配送等因素，因此對於澳門地區應當儘量考慮通過一般的應急強制管理措施對疫情進行防控，但是倘若疫情呈井噴式爆發，則仍應當及時採取全域性的行動限制甚至封閉管理措施，但是在得到一定程度的控制後應當及時解除。因此，在最小侵害原則的指導下，對於強制管理標準的制定應當以侵害程度作為

指導，根據疫情風險級別的劃分，一方面，嚴格採取侵害程度最小的實施類型；另一方面，一旦風險情況有所改善，應當及時解除更具侵害性的強制管理類型。

（三）正當期待保護理論的引入

應急強制管理具有「應急」和「強制」兩方面的特殊性。就前者而言，因為應急狀態的進入直接導致原有的經驗法則產生動搖，常態下的法律系統受到衝擊，以科學化、民主化作為追求的行政決策機制和流程不得不讓位於必要的「越權」行為，行政權在應急狀態下獲得被應急法律賦予的更多權力；就後者而言，強制的管理措施所具有的強制性本質上是違背意願的行政行為，其或多或少地必然會影響到公民自身權益的實現，而在常態下可以獲得的法律保護和補償也在上述的應急狀態下不能實現，公共利益和個人利益的衝突更加突出。應急強制管理的特殊性給正當期待保護原則的引入提供了空間。

正當期待保護理論是行政法上信賴利益保護原則的進一步發展，其以「保護相對人對政府的信賴利益」為基礎內核，但是其保護的法益和適用的範圍正隨著理論的發展而不斷拓展。[15] 在現代的正當期待保護理論當中，其不需要實際的損失發展，而是將目光轉向了是否有正當期待利益的存在。預期保護的核心內核是「行政機關對相對人合理且合法的預期利益應當給予保護」，其將預期利益納入行政法的保護範圍，這與應急強制管理的緊迫性導致的權力放大不謀而合。行政法上對正當期待的主要保護機制可以歸納為三個方面：程序性保護、實體性保護和賠償、補償性保護。[16] 在應急強制管理標準構建過程中，補償性保護顯然不屬於程序法上的參考範圍，因此這一理論在應急強制管理標準構建的指導作用主要體現在以下方面：一，在補償

15　參見黃學賢：〈行政法中合法預期保護的理論研究與實踐發展〉，《政治與法律》2016 年第 9 期。

16　參見王錫鋅：〈行政法上的正當期待保護原則述論〉，《東方法學》2009 年第 1 期。

標準中，正當期待保護原則通過程序規範的方式推進標準的明確化，使得公眾能夠瞭解政府決策的標準，減少政府緊急狀態下進行行政管理的資源；二，在疫情應對過程當中，正當期待保護原則能夠保障行政相對人因為「行政過程中可預期行為、承諾、規則、管理、及事實狀態」所產生的信賴，從相對方的角度保證了行政機關應急強制管理的實施效率。

如何實現正當期待保護，首先需要明確預期利益，學界對此並無顯著分歧。其具有四個構成要件：其一，存在政策、決定、承諾、慣例和合同等足以引發個人清晰、無歧義或附加條件的預期；其二，預期與行政機關的行為之間存在因果關係；其三，預期的內容必須符合一般的常理和「通情達理之人」的標準；其四，預期需滿足符合為獲得法律承認和保護所必需的其他條件。據此可得，預期利益的明確離不開對於正當程序的完善，原因在於除了預期與行政機關是否存在因果關係和是否符合常理這兩點需要結合具體情況進行判斷外，剩餘兩項的明確離不開對於程序制度的完善。

四、澳門特區應急強制管理制度原則性標準的構建

澳門第 2/2004 號法律《傳染病防治法》已經對法律責任和義務作出規定，肯定政府部門有權力因受特別行政目的需要對場所及人員進行管控，但在操作層面未作細化規範。筆者認為就應急強制管理制度的法律體系建立過程中，可以引入以下原則性標準：類型遞進原則、及時性原則和正當程序原則。

類型遞進原則是最小損害原則在應急強制管理視野下的具體要求，指行政機關應當在對相對人造成不同侵害程度的應急強制管理手段當中進行遞進排序，並優先採用對社會經濟和相對人侵害更小的強制管理類型。以上文的應急強制管理措施分類為例，行政機關在疫情

防控中應當優先考量造成相對人侵害最小的一般性強制管理措施，在一般性強制管理措施無法實現疫情防控目的時，才能進一步採用全域性的行動限制等措施。即全域性行動限制和封閉管理的啟動應當以一般性強制管理無法實現防控目的為限。具體可以考慮如下要素：第一，疫情已在社會面廣泛傳播，一般性強制管理不能有效的管控，且難以溯源。第二，疫情傳播快速，醫療保障體系部分遭受疫情感染，情況日益加劇。第三，綜合多層面因素進行分析需要，採取全域性措施，快速控制社會面疫情傳播，從而實現法律目的。

及時性原則是最小侵害原則在應急強制管理視野下另一個角度下的具體要求，指行政機關在確保法律目的實現的情況下應當通過法定規範程序和傳染病學的劃分標準及時判斷是否能夠採用更低一級的強制管理手段對疫情進行控制，若能夠採用侵害性更小的方式實現疫情防控，應當及時變更或者解除相應的強制管理類型。在疫情期間，對於權利的克減必須為了保障權利，行政機關對於公民權利的限制也必須隨著風險的降低而放寬或解除，公民在滿足行政機關要求的條件後，就應當及時解除限制。及時性原則要求對於符合解除限制措施的人員儘量採用自動解除的方式，如在一般性強制管理中滿足健康監測要求後，健康碼自動綠碼進行解除等。同時，更重要的是行政機關應當及時針對當下的疫情風險等級進行衡量，當衡量到當前疫情形勢風險等級與當前防控措施不匹配時就要做出適時的調整，若當前限制措施相對於疫情形勢較重，對於公民權利克減過大，則及時調整解或除對於權利的限制。

正當程序原則指行政機關應當通過法律或者是政策對於採取應急強制管理措施的決策流程進行明確，包括預評估程序、事先報批程序、告知程序、信息公開程序等具體的實施程序。正當程序原則不僅包含了對於程序的公示要求，也包含了程序對於政府行為的實質性控制要求，方可達到正當期待保護的實現效果。明確的決策程序應當對

政府的行為具有實質性控制效果，其實質性控制應當包含以下方面：1. 證明措施的必要性；2. 措施應當實屬有效，且手段與目的之間有合理聯繫；3. 措施應當合乎比例，不宜過寬或過窄；4. 措施對自由和權利的限制是最小的。因此在重大傳染病事件的背景下，該程序的設置必須包含充分的專業知識的判斷。以內地類似的決策程序為例，如《河南省突發公共衛生事件應急辦法》第 18 條和《深圳經濟特區突發公共衛生事件應急條例》第 15 條均要求成立突發公共衛生事件應急專家委員會，對諸如強制隔離的防控措施進行專業預評估；特別是當出現新發傳染病、具備傳染病流行特徵的不明原因聚集性疾病，並且病原體、傳染力、致病力等情況尚不明確的情況下，應當經過充分的專業和法律性兼具的實體性程序進行評估，方可實施與實際情況相應類型的應急強制管理措施。從原則性標準上樹立對於正當程序的設置和明確的要求，不僅保證了應急狀態下決策的科學性和合理性，更保障了公眾對於政府的信賴利益和合法預期利益。

綜上所述，疫情傳播形式變化多樣，難以進行預測，保障公共利益與防疫的有效性是必然的，與此同時行政權力的擴張也同樣是必然的。優先保障防疫的有效性的前提下，當疫情傳播趨於穩定，就要更多地考慮公民權利的保障。在行政機關自由裁量權擴大、政府行政權擴張的同時，必須對其進行規範的限制，明確行政機關權力範圍與邊界，規範其行政行為的合法性，並且明確行政機關侵犯公民權利後的責任。與此同時，必須明確公民最基本權利絕對不受侵犯，行政機關在行使權利時必須嚴格遵守比例原則，行政機關權責統一，方能更加合理、公正地行使行政權。另外，也要給予公民一些明確的心理預期，從而便於公民作出行動安排，儘量減小疫情防控措施對公民人身的限制，實現行政法意義上的合理行政。

澳門特區重大傳染病事件
流行病調查制度研究

◇◇◇

▌一、流行病調查制度的背景

　　自從 2019 年年底內地發現首例新型冠狀病毒肺炎病毒以來，隨著內地疫情不斷地蔓延並且因此確診的人數越來越多，流行病學調查（下文簡稱「流調」）這一手段在疫情防控中便發揮了重大的作用。這類措施被應用在病例溯源、信息排查等方面，為疫情防控提供了些許的便利，但是對於澳門特別行政區的流調而言也出現了一些問題。第一，現行法律依據下面，對於多元主體的流調情形，在內地是非常普遍的。在內地，主要是由公安、衛生健康委員會、社區等行政主體或者是授權主體進行流調，而多元主體的流調可能會導致所收集的個人信息會被不正當地使用，這也是澳門特別行政區的社會各界以及民眾所擔心的。第二，澳門特別行政區在進行流調的過程中，對於其流調的信息範圍方面，無論是從《澳門特別行政區個人資料保護法》還是其他的文件來看，並沒有一個明確的法律限制，或者說法律規定的過於籠統，沒有一個明確的標準在裏面。這兩大問題目前在官方或者是民間亦或是學界，並沒有相關的觀點與政策對此進行回應。

　　多主體參與的流調有利於提升防疫的效益，但是也會造成流調信息存在漏洞的狀況發生；同時，流調範圍的不明確會導致個人信息

的使用受到一定的質疑。個人信息使用所造成的漏洞關乎到人格權的保護，而人格權恰恰是個體尊嚴的重要組成部分。流調範圍的不明確會提升人格權被侵犯的風險，因此，建立一個理想且完善的流調制度才有利於個人信息的搜集與保護，目前在上述問題的理論探討方面還沒有一個明確的方向，這也是本節所研究的意義所在。

二、流行病調查制度概述

（一）重大傳染病事件中的流調的概念

「流調」這個詞可以從詞源、法律定義和學術觀點這三個方面來看。《辭海》對「流調」是這樣定義的：「流調」是一種流行病學的常用研究方法，用以查明疾病的分佈、病因、在群體中數量的變化及其原因等。如為傳染病，需調查暴發流行的原因、傳播途徑、影響傳播的因素及人群免疫水平；在法律上，澳門特別行政區方面並沒有對流調這個詞的明確解釋，而在內地的《中華人民共和國傳染病防治法》、《突發公共衛生事件應急條例》中有著對流調的相關定義：「流調」，是由流行病學人員依法依規開展，需要與患者及相關人員面對面進行交流，詢問患者患病前後的暴露、接觸史、活動軌跡、就醫情況等，尋找與傳染源、傳播途徑有關的蛛絲馬跡，為判定密切接觸者並採取隔離措施、確定消毒範圍等提供依據」；在學術上，尤其是在法學的學術探討中更多的是從其特點來進行論述的。上海政法學院的湯嘯天教授認為，流調大的基本特點有四個：一是徹查性，即流調工作要儘最大可能摸清病例的活動情況，時間不留空白段、空間不留白點、「密接」不漏一人。二是源頭性，即流調必須對感染來源、感染途徑作出準確的判斷。三是緊急性，流調工作是與疾病的傳播搶時間，切忌貽誤戰機。時間的延宕必然造成疾病更加廣泛的傳播，必須爭分奪秒採取措施阻斷傳播鏈。四是複合性，流調既是醫學行為，也

具有行政調查的性質，是為行政決策提供依據的基礎性工作。有的時候被調查對象不配合流調，會使得流調工作更加困難。[1]

綜上，突發公共衛生事件中的流調的概念為行政機關在突然發生並造成或可能造成疫病迅速擴散並危及公共安全和環境的情事中所採取的，依法依規開展的，用來查明疫病的分佈、病因以及傳播途徑、影響人群等信息的一種行政行為。

（二）流調與個人信息保護的關係

「流調」在突發公共衛生事件中經常被政府用以查明疫病的分佈、病因、在群體中數量的變化及其原因等等，簡而言之就是對疫病有一個準確詳實的瞭解。而個人信息就是包含在流調中的「疫病分佈」、「群體中數量變化」這兩個部分中的。疫病的分佈需要精確到每一個個體，並且每一個個體進行梳理與組合才能構成一個群體，兩者肝膽相照，唇齒相依。

（三）澳門重大傳染病事件中流調制度的現行法概述

以新冠肺炎疫情流調現行機制為例，新冠疫情爆發以來，澳門特別行政區新冠病毒感染應變協調中心嚴格遵守《個人資料保護法》，公佈行程軌跡時將病例個案的姓名、證件號等信息全部隱去，為病例個案的隱私權加上一層堅實的保障。但是，直到目前為止，澳門特別行政區關於突發公共衛生事件中的流調制度的現行法並沒有一個直接的規定，而是嵌入在對個人信息的搜集以及授權機關之中，主要體現在第 8/2005 號法律《個人資料保護法》第 4 條以及第 36/2021 號行政法規第 58-A 條之中。澳門特別行政區《個人資料保護法》第 4 條定義：「一、為本法律的效力，下列用詞之定義為：（一）「個人

---

1 參見湯嘯天：〈流調的法治困境與制度支撐 —— 兼評《傳染病防治法》（修訂草案徵求意見稿）〉，《法治社會》2021 年第 5 期，第 74 頁。

資料」：與某個身份已確定或身份可確定的自然人（「資料當事人」）有關的任何信息，包括聲音和影像，不管其性質如何以及是否擁有載體。所謂身份可確定的人是指直接或間接地，尤其透過參考一個認別編號或者身體、生理、心理、經濟、文化或社會方面的一個或多個特徵，可以被確定身份的人；……（五）「負責處理個人資料的實體」：就個人資料處理的目的和方法，單獨或與他人共同作出決定的自然人或法人，公共實體、部門或任何其他機構；……（八）「資料的接收者」：被告知個人資料的自然人或法人，公共實體、部門或任何其他機構，不論其是否第三人，但不妨礙在某個法律規定或具組織性質的規章性規定中訂定被告知資料的當局不被視為資料的接收者。[2] 第 36/2021 號行政法規第 58-A 條規定：「一、為執行本法規，衛生局可根據第 8/2005 號法律《個人資料保護法》的規定，採取包括資料互聯在內的任何方式，與擁有執行本法規所需資料的其他公共實體及公共或私人領域的醫療服務提供者進行利害關係人的個人資料的提供、互換、確認及使用。二、為適用第 8/2005 號法律第四條第一款（五）項的規定，上款規定的實體及醫療服務提供者均為負責處理個人資料的實體。」[3] 從上述現行法來看，澳門突發公共衛生事件中流調制度的現行法主要集中在信息搜集的定義以及授權主體上，而對其他類型主體的搜集權限以及具體的在流調過程中的個人信息搜集範圍並沒有一個具體的制度去規制。

三、流行病調查制度指導理論的抉擇

（一）流調信息收集管理中個人信息管理主體

在信息管理這一方面，無論是在企業的信息管理，還是政府的

2　澳門特別行政區第 8/2005 號法律《個人資料保護法》第 4 條。

3　澳門特別行政區第 36/2021 號行政法規第 58-A 條。

信息管理，一般有集中管理和分散管理兩種模式。集中管理和分散管理都是為了更有效地對問題進行解決。流調中的信息管理也是如此。這兩種管理方式的區別就在於信息搜集的主體之不同：一種是指專門集中到政府去搜集信息，用一句話概括便是專業的人做專業的事；另一種便是分擔政府一定的壓力，使得其他部門包括企業搜集到相關的信息，以方便部門和企業的管理。而在這裏就會發生個人信息的管理不當問題。如何解決上述問題，並且怎樣尋求出個人信息保護與個人信息保護的管理主體之間的平衡點？筆者認為，可以從集中管理說和分散管理說這兩個學說來進行探討。

1. 集中管理說

集中管理不等於「集權管理」。集中管理說是要求對收集信息後進行集中的一種管理模式。集中管理是在流調過程中，將信息的搜集管理職能都集中在一個行政主體，其他的部門或者是企業僅僅起到配合作用的一種概念。政府在對個人信息進行管理時，將管理的職能交給一個單一的行政主體，並由該行政主體代表政府集中收集並對個人信息的保護履行相應的職能。集中管理是為了解決對個人信息保護方面的問題，對其他地方收集到的個人信息進行統一的歸納和整理。

有學者認為在突發公共衛生事件下的流調工作中，政府應當將信息的搜集集中在一個機關去管理，這樣可以減少信息在搜集過程中的損耗，提升一定的效率，更有效地達成行政效果。[4] 這樣的觀點是筆者所贊同的，集中管理流調過程中搜集的個人信息可以避免搜集到一些無用的信息，這樣可以提高搜集信息的部門甚至是政府對諸如新冠肺炎疫情之類的突發公共衛生事件的形勢判斷，因為專門承擔集中搜集信息任務的部門相較其他部門而言是要更加專業化的。同時專業化的處理也可以避免信息的不當洩露以及不當使用，這對於民眾而言

4　參見劉先閣、白怡雯：〈數據防疫背景下的信息公開與隱私保護〉，《青年記者》2021 年 4 月下，第 33-34 頁。

也是很重要的，信息的洩露會給民眾的正常生活造成許多困擾，包括被網暴的可能性等等。目前澳門特別行政區採取的就是此類集中管理之模式，即授權衛生局以澳門健康碼之形式在流調過程中搜集個人的相應信息。

任何事物都有兩面性，集中管理有優點亦有缺點。集中管理的優點有三個：其一，在集中管理中，個人信息管理的主體是一個單一的專門的政府機構。該機構主要是對各政府部門所收集的個人信息進行統一的集中歸類、管理，提高個人信息保護的效率，是為了有效的管理；其二，單一的管理主體意味著有單一的管理權力中心，也就意味著有單一的責任中心，在集中管理下由單一的管理主體對個人信息的保留問題負責，能夠保證在管理目標執行的一致性；其三，集中管理有利於將個人信息保護作為一個整體管理，減少各部門之間對個人信息的重複收集、過度收集等現象，從而降低個人信息收集的效率，同時也可以減少管理的真空。總之，個人信息的集中管理有效提升疫情防控的效率。集中管理的缺點有兩個：其一，單一管理的行政機關會基於效率的原因，會對其內設部門進行職責的分工，但這些部門相對於其他部門的管理專業水平和經驗相對要低一些，將會影響對個人信息的管理效果；其二，專門成立的管理機構有可能會更注重流調中個人信息的管理問題，忽視了最重要的流調中個人信息的收集問題，從而會過度收集個人信息。

2. 分散管理說

分散管理說指的是各業務部門各自為政，每個部門都採納各自的管理方式以及管理的規章制度來對信息進行管理。具體而言，一國政府在建構對個人信息的管理主體時，將國家對個人信息管理的職能分散在不同的相互獨立的政府部門中，所有信息文件等都由各個部門分別保管，從而達到對個人信息進行管理的目的。

對於澳門特別行政區而言，目前各個學校以及企業通過使用自

己開發或者是自己購買的信息統計系統實際上也成為了流調中信息收集的重要來源，通過對所能管轄之人員進行數據採集。同時，衛生局自己也擁有著澳門健康碼這一收集個人信息的方式，這其實是部分分散管理模式的一種體現。此舉雖然提高了疫情防控效率，並且這些主體也經過了政府部門的一定的默許，但是，許多人擔心他們缺乏對所收集信息進行脫敏性處理以及存儲保密的意識和能力，使得信息收集的後續處理存在較大問題，不能合理合法使用，極易造成信息的洩露。比如以澳門特別行政區某大學為例，某大學為了更好地搜集有關突發公共衛生事件中的流調中有關個人信息這一部分，以用來即時掌握相關情況，自行購買或者說開發了一個用來搜集個人基本信息的系統，系統介面包含了一個人最近所處的地域、即時體溫等等，這些信息師生填寫過後會自動輸送到大學內部的一個總系統中。雖然說大學可以單方面保證信息洩露的情況不會發生，法律上也有明確的規定，但是至於這些信息被大學如何使用，很多人的心中是要打一個問號的。

分散管理有利也有弊，分散管理的優點在於：可以有效利用各個部門或者企業自身的系統，促進個人信息的全方位掌握。但也有一定的缺點。分散管理的缺點有兩點：其一，過於分散可能會導致個人信息不正當使用的概率大大增加；其二，對個人信息的管理上沒有效率，處理問題時可能需要通過與多個部門聯繫才能取得準確的信息。

3. 指導路徑的分析和抉擇

有學者認為應當採納集中管理說，將流調中的個人信息搜集直接授權一個專門部門進行運作，這一部門主要負責對個人信息的收集、管理以及使用。依據相關法律法規來執行，可發揮一定的法律效力，能夠切實有效地規範公民個人信息收集和使用的行為，保證個人信息的合理使用，盡可能地避免個人信息的不當使用，最大程度上

達成行政效果。[5] 同時有人認為當前分散管理說不適用個人信息的保護，主要因為產業鏈的延長、市場主體的增加讓個人信息的多向流動成為常態，這使得流調中的個人信息搜集牽扯到了多個行業和領域，不利於信息的正當使用，且效率過低。

筆者認為，採取集中管理是最為適用於澳門特別行政區的個人信息保護的，集中管理符合比例原則：首先，適當性原則，集中管理是為了有效地對個人信息進行管理，提高個人信息管理的效率；其次，必要性原則，個人信息保護最好的管理方式是個人信息管理中的集中管理，通過一個獨立的、專業化的個人信息保護機構對個人信息進行儲存、處理，可以有效地減少對個人信息的侵害問題；最後，均衡性原則，集中管理雖然需要直接賦予一個機構的信息搜集權，可能會發生權力濫用之問題，但是卻可以更有效、便捷地對個人信息進行管理，從而減少個人信息的洩露問題。因此，筆者認為在防疫信息收集管理中個人信息的管理主體應該適用集中管理說對個人信息進行管理。

（二）防疫信息收集管理中個人信息收集範圍

在國內外既有立法中，關聯性、可識別性和系統化處理是界定個人信息保護範圍的核心要素。[6] 有學者認為密切關聯性主要是以三個標準進行衡量：其一，如果某個信息源自於信息主體自身，那麼其與該信息主體具有無可爭辯的關聯性；其二，如果某項信息並非源於信息主體，但其主要被用於評價或影響信息主體的行為或狀況，那麼該信息也符合關聯性標準；其三，從結果角度出發，即使某項信息即不來源於信息主體本身，也無對信息主體產生直接影響的目的，但從

5　參見趙暉：〈淺析新冠疫情防控中個人信息的法律保護〉，《西部學刊》2022 年 2 月下半月刊，第 69-72 頁。

6　參見梅夏英、劉明：〈大數據時代下的個人信息範圍界定〉，《社會法理法治前沿年刊》2013 年，第 33-58 頁。

結果角度看該信息確實有可能將特定信息主體區別於其他人，並可能對其權益產生影響，那麼該信息也可以被視為與信息主體具有關聯性。[7] 有學者認為收集個人信息的範圍應該滿足最小範圍原則，也就是說有關部門對個人信息的收集，應該局限在疫情防控的目的之內，不能超出合理關聯的範圍。[8] 為平衡個人信息保護和個人信息的收集範圍，通過對個人信息收集範圍的管理，可以更好地為個人信息提供保護，尋求個人信息收集範圍中密切關聯和一般關聯之間的平衡點，解決個人信息收集範圍之問題。

1. 密切關聯說

密切關聯說要求兩者之間具有緊密的關聯，即流調的內容與搜集的個人信息之間是有著緊密的聯繫的。密切關聯即為事物與事物之間要有一定的關聯，並且是有目的性的，在流調中，對個人信息的收集問題應該要有一個明確的範圍限制，各政府部門應該準確、精準地收集對防疫工作有幫助的個人信息，從而達到對個人信息保護的目的。在防疫過程中，各部門對公民的個人信息進行收集，是為了更有效地防疫防控。而在防疫期間，政府部門所收集的個人信息應該與流調密切相關，這也是為了確保個人信息不被過度收集。有學者認為在流調中收集的個人信息收集之範圍應該遵循以下幾個原則：第一，限制收集的原則。在收集信息的時候，應該明確收集的目的，並且儘可能做到最小化地收集公民的個人信息。第三，公開的原則，即是要求收集主體需要公開說明收集信息的規則以及收集之目的。第四，限制利用的原則，即是信息收集主體應當徵得信息主體的同意才能使用其

7　參見梅夏英、劉明：〈大數據時代下的個人信息範圍界定〉，《社會法理法治前沿年刊》2013 年，第 33-58 頁。

8　參見屈思忱：〈重大疫情防控期間公民個人信息的收集與保護〉，《廣州社會主義學院學報》2020 年第 4 期，第 72-77 頁。

信息^[9]，這樣才能有效地踐行密切關聯之原則。

個人信息的界定非常之廣泛，但是在防疫過程上，個人信息應該界定於與流調內容密切有關的信息。對此有利也有弊，收集與流調內容密切關聯的個人信息的優點有：其一，個人信息的收集範圍會縮小，可以給公民提供便利的同時，也能確保個人信息不被過度收集；其二，收集密切關聯的個人信息有利於個人信息的保護，只需要提供相應的信息即可；其三，收集密切關聯的個人信息最主要是為了防疫防控工作，這可以減少政府部門的工作，同時也可以高效地收集信息。其缺點有：其一，不夠全面的收集信息，會導致在收集一些信息的時候存在缺漏；其二，只收集密切關聯的個人信息可能會造成防疫防控上的疏漏；其三，密切關聯的個人信息所涉及到的隱私會相對較多。總之，每樣事情都是有兩面性的，只收集密切關聯的個人信息會給公民提供便利，也更有效地保護公民的隱私權。

2. 一般關聯說

一般關聯說是指流調所搜集的個人信息與流調內容本身存在著一種平常但非完全密切的關聯性。愛德華·弗里曼（R. Edward Freeman）認為，對於信息收集而言，「任何影響組織目標實現或者受組織目標實現影響的信息」都是利益相關的信息。^[10]該學說主要是想表達政府在突發公共衛生事件中進行流調時搜集的信息與流調內容相關聯即可，並不一定是密切關聯。中國內地便是以這樣的學說而採取的措施。

在防疫過程中，各政府部門對個人信息的收集範圍過於廣泛，甚至有的時候會存在一些看起來與防疫關聯較為一般的信息被收集。有學者認為任何單位在防疫過程中收集的個人信息應當以自身需求為

9　參見趙瑜：〈論大數據時代個人信息法律保護的基本原則〉，《中國信息化》2022 年第 2 期，第 68-69 頁。

10　*The Wolfenden Report*, New York: Stein and Day, 1963, pp. 48.

限，本著保護個人隱私和最小的干預原則進行收集，不能過度收集個人信息。[11] 有學者研究認為收集範圍過寬主要體現在三個方面——信息主體、信息識別程度以及信息收集地域範圍，並且認為收集識別性較強的一般個人信息或者個人敏感信息時應著重保護公民個人尊嚴和個人自由兩個核心價值，從根源避免侵犯公民個人信息的情形發生。在內地的相關法律法規中，個人信息所界定的範圍相對比較廣，除了姓名、身份證號碼、家庭住址等這類比較頻繁所見的，還會有收入狀況、教育程度甚至是病例史等。比如某社區物業在疫情防控期間對業主收集個人信息的時候，有收集業主的工作單位、工作職位以及收入狀況等與防疫工作關聯較為一般的信息。

一般關聯說也不一定完全不利於疫情防控，其優點有：其一，從流調中個人信息中的收入狀況看，收集公民的收入狀況也可以有利於突發疫情時，若需要去醫學觀察酒店進行隔離，可以針對不同收入的人群，提供他們多個選擇；其二，可以通過多重的方式提供防疫的措施，比如教育程度，這可以幫助一些對互聯網、手機使用不太懂的公民提供相應的幫助，在做核酸時幫其設置好核酸碼等問題。其缺點是：其一，收集與防疫工作一般相關的個人信息容易洩露個人隱私；其二，與防疫一般相關的個人信息範圍過大，對於收集主體的管理方面會存在過度收集之現象；其三，收集一般關聯的信息會導致對個人信息濫用之現象。總而言之，在防疫過程中收集一般密切關聯的個人信息會有過多的負面影響，雖然部分有利於防疫防控，但是亦然存在收集上的缺失。

3. 指導路徑的分析和抉擇

有學者認為在疫情防控中個人信息收集範圍應當遵循合理性原則，即在收集時必須要滿足出於合法的目的、必要且損害最低的手

11　參見王春業、費博：〈大數據背景下個人信息收集和使用的行政法規制〉，《中共天津市委黨校學報》2021 年第 3 期，第 72-79 頁。

段、公共利益與損失符合比例這三個要求。[12] 還有學者認為對於個人信息收集範圍應當確立法律授權、目的正當、最小比例、安全保障等公共利益限制個人信息權益的基本原則。[13] 防疫信息收集管理中個人信息收集範圍應該得到該有的明確。將個人信息收集之範圍分為密切關聯和相對密切關聯，兩者都各有各的優缺點。筆者認為在防疫防控過程中，我國政府部門應該收集密切關聯的個人信息，從而達到高效率、準確地保護個人信息的目的。

收集密切關聯的個人信息應符合比例原則：首先，適當性原則。收集密切關聯的個人信息是為了保護個人信息的隱私權的同時，也是為了避免個人信息被過度收集之現象。其次，必要性原則。收集密切關聯的個人信息是為了將收集信息的範圍縮小，從而減輕政府部門對個人信息的管理，另外還可以準確明瞭地收集對防疫有幫助的個人信息。最後，均衡性原則。收集信息範圍的縮小可以解決各政府部門、行政機構、商家對個人信息的過度收集的現象，從而減少個人信息的洩露問題，實現對個人信息之保護。筆者認為在防疫信息收集管理中個人信息的範圍應該採納密切關聯說的觀點，採取收集密切關聯信息之措施，縮小收集範圍，從而快捷、有效地完成防疫工作。

四、澳門特區重大傳染病事件中的流調制度建議

（一）完善個人信息管理主體的問題

澳門特別行政區在這方面可以參考日本。日本是較早頒佈個人信息保護法的國家，在 2003 年 5 月頒佈了《個人信息保護法》，並在 2005 年 4 月正式生效實施。由於在美國「行業自律」的影響下，

12　參見梅夏英、劉明：〈大數據時代下的個人信息範圍界定〉，《社會法理法治前沿年刊》2013 年，第 33-58 頁。

13　參見趙暉：〈淺析新冠疫情防控中個人信息的法律保護〉，《西部學刊》2022 年 2 月下半月刊，第 69-72 頁。

又設立了「自律認證制度」，日本在個人信息保護方面採取了「統分結合」的立法模式。[14] 其不僅對《個人信息保護法》進行了修訂，還通過了一系列的政策文件措施，為修訂案的施行提供了保障。2015年公佈的修訂案中，最重要的修改內容是增加了「敏感信息」這一概念，將「信仰、病史」等容易使個人受到不公平待遇的敏感信息規定到了該法律中，完善了個人信息保護的全面性和擴寬了立法保護的範圍。在日本的《個人信息保護法》修訂大綱中主要修訂了四個方面：加強個人權利的保護力度、強化經營者的責任、促進經營者自發性舉措以及其他的一些修訂事項。[15] 2020 年 6 月 5 日，日本在眾議院會議上通過《個人信息保護法》的修訂，在疫情防控下，與《行政機關個人信息保護法》、《獨立行政法人等個人信息保護法》等法律法規相結合，構成了日本個人信息保護的立法體系。

在日本個人保護立法體系中，主要是以下三部分：擴展延伸個人信息的概念、促進個人信息有效利用以及確立了一體化監督體制。[16] 首先是個人信息的概念延伸，是指能夠識別特定個人的信息，比如個人身體的特徵、個人號碼等。其次是促進個人信息有效利用，無論是在平時生活中對個人信息的保護利用，還是在疫情防控下對個人信息的保護，日本允許使用匿名化處理過的數據提供第三方流通使用，但是不能將匿名信息和其他的信息進行對照識別。日本對個人信息立法中通過《個人信息保護法》、《行政機關個人信息保護法》和《獨立行政法人等個人信息保護法》等法律法規形成了一系列的保護體系，為新冠疫情下的防控工作提供了幫助。另外，日本專門獨立設

14　參見趙晟：〈大數據時代個人信息行政法保護的域外考察與啟示 —— 以美國、日本個人信息保護為視角〉，《黑龍江省政法管理幹部學院學報》2020 年第 2 期，第 17-21 頁。

15　參見葉鵬：〈從日本個人信息保護修訂大綱談疫情下我國個人信息保護的立法思考〉，https://lvdao.sina.com.cn/news/2020-02-27/doc-iimxxstf4792751.shtml。

16　參見洪芳、陳英：〈國外個人信息保護立法對我國的啟示與借鑒〉，《北方金融》2021 年 11 月，第 63-65 頁。

置的個人信息監管機構能更加簡單、便捷地對個人信息的保護進行管制，從而減少了個人信息洩露之問題。雖然日本的立法模式是「統分結合」，但是在疫情防控中對個人信息的集中管理較為顯著，設立的個人信息保護委員會統一對個人信息進行集中的管理。

在疫情防控期間，為了更準確、更便利地排查患者，熟知人員的流動情況，內地的各政府單位、事業單位、社會團體甚至到基層群眾都自行組織對個人信息的收集工作。很多收集主體都會以防控疫情的原因收集個人信息，這使得個人信息會有洩露之問題。個人信息管理主體，即是個人信息的常設監督機構。在不同國家都會有不同的監督方式，如在上文中提及日本建立的機構等。對於澳門特別行政區而言，可以採取集中管理，將流調中的信息搜集權以法律去明確相應信息的搜集機關或者部門，同時授權其他的部門（包括企業）進行配合與協助，並且嚴格限制其他的部門（包括企業）的收集權限，這樣才能解決流調中個人信息搜集主體的相關問題。

（二）完善個人信息收集範圍

關於流調中個人信息的搜集範圍，筆者認為可以參考歐盟的規定。歐盟數據保護委員會（EDPB）在新冠肺炎疫情的流調中將應當搜集的數據分成個人數據、定位數據、感染數據和跨境數據這四部分來對個人信息進行搜集。在此次突發公共衛生事件中，EDPB 還將個人數據分為個人健康數據和僱員數據，並對公共衛生部門、醫療機構、僱主的各項數據行為做出明確規定。2020 年 3 月 19 日，EDPB 發佈《關於在 COVID-19 爆發期間處理個人數據》的聲明並表示，信息控制與處理者一定要對數據主體的個人數據採取保護措施。[17] 針對

17　The European Data Protection Board, "Statement on the Processing of Personal Data in the Context of the COVID-19 Outbreak", [EB/OL] [2020-03-31], https://edpb.europa.eu/sites/edpb/files/files/file1/edpb_statement_2020_processingpersonaldataan dcovid-19_ en.pdf.

個人健康數據，EDPB 指出，當數據處理對於公眾基本利益必要的情況下，在公共健康領域，無需經過數據主體的同意，數據處理者可以處理個人數據，但無論境內外，數據處理活動必須符合 GDPR 第 5、6、9 條的數據處理要求。[18]2020 年 3 月 20 日，EDPB 還專門發佈《關於在 COVID-19 背景下為科學研究處理衛生數據的準則》，為 GDPR 條例中「為科學目的而進行的處理」進行進一步闡述，限定醫療機構數據處理的目的，強調數據處理的法律依據。譬如，該準則第三部分的定義章指出，「健康數據」是與自然人身體或心理健康相關、且能透露其健康狀況的數據，應該得到更高級別的保護措施。該準則還規定，數據研究者要絕對尊重個人的撤回數據行為，不得干擾其撤銷數據行為，執行撤銷行為時醫療機構要立刻停止數據處理活動，做到以 GDPR 的刪除要求為標準。針對僱員數據，EDPB 要求僱主不僅遵循 GDPR 各項條例，在收集僱員數據時做到合法、最小化、相關原則，還要服從各成員國的具體要求，即只在國家法律允許的範圍內提供僱員的個人健康數據。EDPB 還關注個人定位數據的合法使用，並於 2020 年 4 月 21 日發佈了《COVID-19 疫情背景下使用位置數據和連絡人追蹤工具的準則》。此準則主要闡明了在模擬病毒傳播、追蹤接觸數據時的數據行為條件與原則：除了強調數據處理者要遵從各項基本原則，個人數據必須匿名化處理，防止其匿名數據被他人二次推斷、識別，同時，考慮到個人數據匿名化的複雜性，EDPB 建議將數據匿名化的過程透明化。目前，歐盟各國主要採用收集手機定位信息的方法監控、抑制、緩解病毒的擴散，因此，EDPB 強調在疫情期間更應該嚴格遵守《電子隱私指令》（*ePrivacy Directive*，2017）。EDPB 認為，原則上只有在數據所有者知情同意或匿名化處理的情況

18　The European Data Protection Board, "Statement on the Processing of Personal Data in the Context of the COVID-19 Outbreak", [EB/OL] [2020-03-31], https://edpb.europa.eu/sites/edpb/files/files/file1/edpb_statement_2020_processingpersonaldataan dcovid-19_ en.pdf.

下，數據處理者才能利用合法的分析手段、在做到個人數據無法被二次辨認的情況下，在防疫活動範圍內使用電信公司或運營商提供的定位數據；當僅使用匿名數據無法滿足數據處理目的時，數據處理者可以遵循比例原則，根據情境制定收集範圍最小、收集數據最準確的方案獲取非匿名數據，但數據處理者必須要提高此方案的審查標準與保護措施，且該方案必須包含數據處理時長，數據處理者必須在方案規定的處理時長內完成數據處理活動。2021 年 1 月 5 日，歐盟推出了新的草案《電子隱私條例》（*ePrivacy Regulation*，下文簡稱《條例》）。與 2017 年的《電子隱私指令》相比，《條例》擴大了監管的地域範圍，加入了「位置數據」的定義，增加了針對個人電子通訊數據的規定，具體要求包括通訊服務提供商與共享數據的第三方匿名統計電子通信數據、評估數據保護品質、告知用戶數據處理方案等。

2020 年 6 月 16 日，EDPB 發佈《連絡人追蹤應用可互操作性對數據保護影響》的聲明，在聲明中，EDPB 將已被確診或 COVID-19 檢測結果為陽性的患者個人數據稱為「感染數據」，並要求應用程序供應商儘可能採取保護措施及風險評級，以確保感染數據準確及數據品質良好；同時，數據所有者有權知曉其數據風險。在疫情發展中後期，歐盟取消境內管制措施，EDPB 於 2020 年 6 月 16 日發佈《關於在 COVID-19 爆發後重新開放邊界時處理個人數據的聲明》。值得注意的是，在此項聲明第七部分，EDPB 指出各成員國要評估個人健康與位置數據的洩露風險，採取不同安全級別的保護技術與組織措施，保證各項數據在數據活動中加密。基於此，澳門特別行政區可以參考歐盟的作法，在《個人資料保護法》中添入在突發公共衛生事件流調中的信息搜集標準，以完善相應的制度。

澳門特區重大傳染病事件中
應急行政宣導措施實施標準研究

◇◇◇

▌一、應急行政宣導措施的實施背景探析

隨著社會發展進程的加快，越來越多的事情需要被完善或者是被推動，這樣才能對全社會的公共利益更加有利。這個任務便自然而然地落在了政府的頭上，在這個時候，政府和民眾的目標達成了一致。但是，政府在達成這個目標的過程中，為了更好更快地達成行政目標，他們一般是採取了行政命令這樣的手段，這樣做確實有助於公共利益的達成，但是同時也會損害公民一定的基本權利，這些基本權利政府本身不應該加以限制。同時，隨著行政主體的定位逐漸從管理者轉變為服務者，其行為方式也在單一的剛性行政方式的基礎上增加了柔性行政方式，而行政宣導就是柔性行政方式中最為典型以及運用最為廣泛的一種。它作為傳統命令性的行政方式的重要補充，有著靈活便利的特點，已經越來越廣泛地被運用社會管理領域中去，對於促進行政主體與行政相對人之間進行高強度的溝通與互動、保障不損害行政相對人一定的基本權利、建設一個服務性的政府都起到了一定的積極作用。同時，也正是通過行政宣導這樣的軟性措施，來使得民眾「自然而然」地瞭解或者是認同政府的目的，從而按政府所宣導的方向去做，最後也能使政府達成行政目標。

143

但是，政府在採取行政宣導以達成行政目標的過程中，為了保障想要的行政目標的最終實現，難免會出現這樣一種狀況：表面上政府所做的可以說是採取了宣導性措施，但實際上將該措施整體來看是一種行政命令。例如中國內地的某些地區採取過類似這樣的措施：「宣導民眾減少聚集，如果繼續聚集，政府便對聚集者採取集中隔離。」政府這樣做已經超出了非命令性的限制，也與政府所期望採取的手段相背離。內地的政府對此也產生了一定的困惑：什麼樣的措施在應急狀態下算作是行政宣導，什麼樣的措施在應急狀態下不算是行政宣導，一直也是困擾內地政府的，澳門特別行政區政府也不例外。同時，政府在做出一定的宣導措施之後，由於沒有一定的強制力，僅僅就是單純的宣導，就會出現政府所期望達成的行政目標實現極其困難的狀況。口號式的宣傳就是例證。這種狀況的出現是因為政府在實行宣導措施之後，僅僅是為了宣導而宣導，並沒有附隨一個較為明晰的保障性措施。這其實也是行政宣導制度面臨的問題所在。

　　對於澳門特別行政區政府而言，從行政宣導措施的整體實施情況來看，政府在大部分情況下並不是那樣的激進，政府所採取的措施還是符合宣導性措施本身的宣導性的，上段所述的問題並不是很突出。不過在突發公共衛生事件尤其是新冠肺炎疫情的防治過程中，上述的問題便很突出了。例如，公立學校要求所有教職員工均至少接種一劑新冠肺炎疫苗，如不能接種的話需每七日提供一張核酸陰性報告。這其實就已經體現出了上文所發生的問題。新冠肺炎屬於一種非常嚴重的傳染病，如果不能及時地將它控制，就會對社會造成極其嚴重且惡劣的影響。為了儘快達成恢復社會秩序的目標，澳門特別行政區政府在應急狀態下採取的行政宣導措施難免會出現上段中的一系列問題，這也是本節的研究背景所在。

　　應急宣導措施作為一種新型的行政手段，在制度設計上，取消了對立法這一方面的假設，同時又對行政相對人一方的發展空間給予

充分的擴大。與其他傳統行政措施相比，應急行政宣導措施是一種非常態化的行政手段；同樣，突發公共衛生事件也是一種非常態的事件。目前學界對「應急宣導」和「突發公共衛生事件」這兩個問題均有較為廣泛而深入的研究，並且形成了一個較為完備的體系，但是，對突發公共衛生事件中的應急宣導措施的制度標準邊界以及應急宣導的保障性措施制度這些卻鮮有問津，無論是從理論研究還是其他的簡單扼要的描述來看，都沒有對這些概念進行一個很好的闡釋。理論的缺位必然會導致實踐中的肆意妄為，不利於行政效果的達成，本文的意義便是在此：嘗試立足澳門特別行政區的實際狀況，分析問題所在，同時通過對行政宣導制度中的標準邊界以及保障性措施制度的研究，嘗試分析使宣導措施更好發揮作用的方向，並從制度層面來提出一定的建議。這樣也會對澳門特別行政區的發展有所助益。

二、應急行政宣導制度的概述

（一）重大傳染病事件中應急宣導概念

「應急宣導措施」這個詞，同樣也要從詞源、法律規定和學術界這三個方面去理解。詞源方面，「應急」一詞最早出自於宋周煇《清波別志》卷中的「一值水旱，及起解稽違，不過借南庫錢以應急耳。」關於這句話，該詞在現今有三種含義：一是應付急需，應付緊急狀況；二是需要立即採取某些超出正常工作程序的行動，以避免事故發生或減輕事故後果的狀態，有時也稱為緊急狀態；同時也泛指立即採取超出正常工作程序的行動；三是對於已經發生的重大事件進行相應的處理。「宣導」一詞在《辭海》中並沒有單獨給予其定義，而是在「健康宣導」一詞中得以體現。「健康宣導」的含義是「提出有益於人群和個人健康的觀點或主張，並盡力爭取其他人給予支持的社會活動」。據此可以推出「宣導」的詞義為「提出有益於人群的觀點或

主張，並盡力爭取其他人給予支持的社會活動」。「措施」是管理學的名詞，通常是指針對問題的解決辦法、方式、方案、途徑等等。在法律上，目前澳門特別行政區的法律法規是沒有對「應急宣導措施」有一個較為明確的定義的。不過我們可以從內地的關於行政指導的一條司法解釋去外延。《最高人民法院關於執行〈中華人民共和國行政訴訟法〉若干問題的解釋》第 1 條有對行政訴訟受案範圍的相關規定，其中的第三個便是行政指導行為。根據該解釋，行政指導行為其實是沒有可訴性的。一般情形下，一種行為在旨在產生法律後果的情況下才會具有一定的可訴性，所以，行政指導其實是一種行政事實行為，而行政宣導措施是行政指導的一種特殊的表現形式，所以，宣導措施也是一種行政事實行為。如果在宣導措施前面加上「應急」二字的話其實就和普通的宣導措施不一樣了，因為「應急」二字其實就意味著該行為所能導致的事實後果相比普通的宣導措施要嚴重一些。所以「應急宣導措施」其實是一種在緊急狀態下公法人對法人或者是當事人採取的一種無強制性的且帶有一定的鼓勵措施的行政事實行為。

在學術上，目前還沒有學者對「應急宣導措施」這一概念進行明確的定義，僅僅存在對「行政指導」、「宣導性規範」等詞條進行具體的闡述。「行政指導」這一概念學者們的定義大同小異。他們基本上都是從行政指導的非強制性以及相應指導方式來進行定義的。內地最早提出行政指導概念的是蘇州大學的楊海坤教授，他對行政指導下了一個這樣的定義：行政指導是行政機關（包含其他合法主體）為實現一定行政目的，依法在其職權範圍內，以建議、勸告、引導、指示、鼓勵等非強制手段，使相對人接受其意思表示並付諸實踐（包括作為或不作為）的一種新型行政行為。胡建淼教授認為，行政指導是國家的行政機關在自己的職權範圍內，對於行政相對人採取的非強制性的行政手段，以此來獲得相對人的認同，指引行政相對人採取或者不採取一定的行為，以此來達到行政目的。台灣的陳新民教授認為，所謂行

政指導係行政機關在其職權所掌的事務範圍內，為實現一定的行政目的，以輔導、協助、勸告、建議或其他不具法律上強制力之方法，促進特定人為一定作為或不作為之行為。[1]關於「宣導性規範」，學者們是從其與其他類型規範的區別以及行為目標對這個概念進行闡釋的。漆多俊教授認為法除了強行性或者是任意性規範外，還存在著特定情況下提倡、指引特定的行為主體作為或者不作為的規範，這類規範可以被稱為提倡性規範。[2]王軼教授認為宣導性規範是提倡和誘導當事人採用特定行為模式的法律規範。[3]朱同琴認為宣導性規範是立法在不適用於設定權利、規定義務的情況下，通過發揮法律指引功能從而對社會主體的行為進行引導，或者表達國家特定時期的政策的法律規範。[4]

綜上所述，「重大傳染病事件中的應急宣導措施」可以定義為：行政機關在突然發生並造成或可能造成疫病迅速擴散並危及公共安全和環境的情事中所採取的用來應對緊急狀況的非強制性提倡引導性的行政事實行為。

（二）重大傳染病事件中應急宣導制度特性

1. 應急性

這意味著目標的明確性。面對突發公共衛生事件，政府採取一定的行政宣導措施的首要目的是恢復正常的社會秩序和公民的生活狀態。在這種緊急狀態下，所謂的應急行政宣導措施應該要打破常規，以明確的危機狀態或突發事件的潛伏狀態作為依據。這種確定必須要有明確的法律規定，必須做到有法可依；不能是行政主體無根據的隨

1　參見陳新民：《行政法學總論》，台北：三民書局 1997 年版，第 319 頁。

2　參見漆多俊：〈論經濟法的調整方法〉，《法律科學》1991 年第 5 期，第 41 頁。

3　參見王軼：〈論宣導性規範——以合同法為背景的分析〉，《清華法學》2007 年第 1 期，第 66 頁。

4　參見朱同琴：〈論教育法體系中的宣導性規範：兼論宣導性規範的一般原理〉，《中國人民大學教育學刊》2013 年第 4 期，第 90 頁。

意決定和不受約束的自由行動，而是面對突發事件進行科學的分析和思考後制定的合法應對措施。

還意味著嚴格的法律約束性。突發公共衛生事件中的行政應急宣導措施，要受法律法規的嚴格約束。由於應急的特殊性，其所受的約束比平常狀態下要少，但不意味著政府在這種狀態下可以為所欲為。行政機關可以根據突發公共衛生事件的實際情況，在法律的框架下採取宣導性措施。我們可以通俗理解為：雖然不是法律規定的「常規之行為」，但一定是「允許之行為」。

2. 規範性

措施模式在傳統上是指對相對人採取一定行為的方式，因此，為相對人設定一些相應的權利義務從而對其行為進行規制也是應有的意思，此為直接性設定；但是，設定相應的權利和義務並不能窮盡「行為模式」的含義，「措施模式」還包括一種間接性的指引，即間接設定權利義務的內容。換句話說，「行為模式」除包含直接設定權利義務內容的形式，還包含一種給行為提供指向和引導的形式，這和法律規範上的指示與引導的功能是一致的，這也就是宣導性措施的規範性所在。宣導性措施的旨意在於引導行為人，為其提供相關的指引和宣導，從而促使行為人做出合理的選擇。毋庸置疑，宣導性規範符合「行為模式」的第二種形式。

宣導性措施的後果主要包括肯定性的措施後果和否定性的措施後果。當行為人遵循某種宣導性措施並實行時，便會得到宣導性措施的肯定和支持，甚至會有相應的獎勵，這體現了宣導性措施的激勵之功能，是一種肯定性的措施後果；反之便有否定性的後果出現。而宣導性措施的指引和激勵作用正是肯定性後果的體現。對於對純粹口號性的宣導性措施的質疑，即認為其不具有肯定性後果的觀點，是不全面的，因為純粹口號性的宣導性措施本身即是一種激勵，立法者或者行政機關對相對人提出的按一定方式或標準為某種行為並達成相應目

標的宣導，本身就是具有著明確具體的指向的，如果相對人按照宣導性措施宣導的行為進行活動，就會得到宣導性措施所包含的肯定性評價，體現了宣導性措施對該情況的保護、支持與肯定態度。不能因為其沒有具體的獎勵後果就否認這一點，從而否認其規範性的本質。

3. 事實性

事實性是應急行政宣導性措施的結果特徵。從應急行政宣導性措施的結果特徵來看，應急行政宣導措施不直接產生法律效果。儘管應急行政宣導性措施是政府針對相對人做出的，但實際上該措施並不是結合特定的法律規範做出的，相對人有著任意選擇的權利。宣導性措施實行後的結果對相對人不具有拘束力，這就是因為這種措施本質上是有著事實性特徵的。

4. 非強制性

宣導性措施是行政機關基於一定的行政目的而單方面做出的某種行為，相對人基於某種利益考量通過權衡利弊來選擇是否接受宣導性措施中所包含的內容。宣導性措施雖然有一定的指引性，但是相對人如果不接受宣導性措施所包含的內容並不會受到政府的強制，且不會承擔不利的法律後果。它與強制性措施不同：首先，兩者的目的是有根本區別的，宣導性措施重在為行為人提供一種行為模式的選擇和核心價值的引導，行政相對人是自願做出法律所宣導的內容的，最終實現個人目的和社會公共利益；而強制性措施則重在歸責與懲罰，通過對違背法律的行為的處罰，來矯正實害性行為。其次，宣導性措施和強制性措施的實施方式也不同。宣導性措施主要通過引導、勸說來發揮其特殊作用，為行政相對人提供正確的、可以達成個人與社會公共目標的方向，從而輔助其做出合理的行為選擇，是一種事前機制，這也和規範的指引、教育、評價的功能相契合；而強制性措施主要通過事後調整來發揮作用，通過對行為人的處罰以及不利性評價強制其做出符合法律規範的行為。最後，宣導性措施與強制性措施的確定性

不同。強制性措施一般具有確定性，確定性是一個措施或者說法律的基本要求，也是正義性之所在，行為人根據要求即可推測出行為的後果以及他人的行為，從而做出理性的行為選擇。而宣導性措施則並未為人們的行為提供明確的指引和方向，因為在選擇這一方面都是不被確認的、強制的，如何行為其實是一種個人選擇。

（三）澳門重大傳染病事件應急宣導措施的現行法規定

目前，澳門特別行政區有關突發公共事件中應急宣導措施制度的相關現行法主要分散在第 11/2020 號法律《民防法律制度》和第 36/2021 號行政法規以及其他行政機關的宣導性行政措施中。第 11/2020 號法律《民防法律制度》中第 5 條第 1 款第 5 項規定，民防行動的一般原則中的教育及信息原則，是指公共行政當局應恆常向公眾推行民防宣傳教育，並及時讓公眾知悉任何關於危害人身及財產安全的突發公共事件，以及相關主管實體已採取或將採取的防範或應對措施的信息。第 6 條「民防活動領域」中的第 1 款第 5 項規定，應向公眾提供信息、宣傳和教育，提高其自我保護及與主管實體合作的意識。第 7 項規定，在發生突發公共事件後，應協助公眾恢復正常生活；第 16 條第 1 項規定，以澳門特別行政區的正式語文及公眾較廣泛使用的語文，向公共及私人領域尤其是各階段教育機構推行民防方面的宣傳教育。[5] 第 36/2021 號行政法規中的第 17 條規定，疾病預防及控制中心為等同於廳級的附屬單位，具有下列職權：「ｍ）建立健康促進的合作網絡，鼓勵市民實行健康的生活模式；ｎ）協調與健康促進有關的活動，提高市民對疾病的預防意識及能力。」

從上文中即可看出，截止到現在，關於澳門特別行政區有關突發公共衛生事件應急宣導制度的法律規範僅僅涉及到了採取宣導措施

5　參見澳門特別行政區第 11/2020 號法律《民防法律制度》第 5 條、第 6 條。

本身，在宣導措施的標準以及效果機制這兩方面並沒有法律法規進行細化。

三、應急宣導制度指導性理論的抉擇

對於澳門特別行政區政府而言，恰當的措施有助於實現政府所期望達成的行政效果。不過，對於行政宣導性措施，最大的問題在於該措施的邊界在何處？何種措施可以更好地保障宣導性措施能達到最佳的行政效果？下文便從理論部分來探討這兩個問題。

（一）宣導性措施的制度邊界

「邊界」一詞一般是指國家與國家、地區與地區之間的分界。重點在於「分界」，「分界」其實也可以被稱作「區別」。簡而言之，「應急行政宣導措施的邊界」是指政府在突發公共衛生事件中採取的應急宣導措施的實施標準。對於澳門而言，以接種新冠疫苗為例，政府一般會發出一定的倡議來勸說民眾來接種新冠疫苗，但是，實踐中往往會出現這樣一種情況，政府在採取宣導性措施之後，後面往往附隨一定的否定性後果，這類否定性後果究竟能不能附隨在宣導性措施之後？目前學界對此並沒有些許探討。這也是本部分所要探討的問題所在。

1. 否定性後果絕對否定說

該學說的含義是行政宣導措施絕對不能附隨一定的否定性後果。持有類似觀點的是日本學者田中二郎。田中二郎指出，相對方如果不聽取並按照政府的意見行為，最終就有可能會受到某種不利的制裁，甚至其他不利的待遇。這並不是行政宣導性措施。[6] 同時，有些

6　參見田中二郎：《行政指導と法の支配：「鈴木武雄記念」》，第 1455 頁。

人認為，如果要附帶一種否定性的後果，就會導致行政相對人會因為不按照政府宣導的行為模式去做，就會得到一種否定性的評價。否定性評價往往還是通過強制性的手段所表現出來，也就是說，政府所採取的宣導性措施就馬上會轉變為一種強制性措施。這就與前文中所提到的宣導性措施所具有的非強制性所背離，政府如果要這樣去做，其實就相當於採取的是強制性措施而非宣導性措施。

筆者認為，對這種學說持贊同觀點的人也有一定的道理，因為如果附隨否定性後果了的話，宣導性措施就會變成強制性措施，就達不成政府所期望的效果。但是，該學說也有一定的缺點，主要體現在他們忽略了行政宣導的事實性這一特徵，事實性就意味著行政宣導性措施所附隨的否定性的後果是一種事實性的後果，該後果只是一個既定的事實，除非是有明確的法律規定，否則其沒有任何的法律效力。在對宣導性措施有沒有法律上的強制力這個問題進行分析時，從法律上和事實兩個方面來分析才是全面的。上述就是從法律層面進行的分析，認為其不具有約束力，雖然宣導性措施反映了立法者或者政府希望行政相對人採納其所宣導的方式去行為，但是這樣的希望並沒有法律上的約束力，也禁止產生法律上的約束力，否則，宣導性措施就會異化為強制性措施。而從另一層面 —— 事實層面對宣導性措施進行分析時，就應另當別論。從法律形式上看，宣導性措施是相對人自願決定是否接受法律的建議，但是在現實並非全然如此，以較為典型的行政法規中出現的宣導性措施為例，由於行政主體往往在權力、信息、資金等方面較相對人而言處於強勢和優勢地位，某些行政領域中的宣導實則在事實上具有了強制力。這樣的情況下，可以說，絕大多數相對方都會選擇遵從政府的建議而非無視或違背。中國內地關於行政宣導實施事實上的強制力方面，以國務院《關於搞好紡織工業生產和調整工作的通知》為例：國內棉花產量銳減使得紡織產業缺少原料，陷入經營困境，為了解決這一危機，國務院要求各級政府勸告當

地國有紡織企業，控制棉紗產量，但各級政府卻在傳達過程中，為了達成目的，對於不聽勸告的企業采取了限制用電等措施，這樣，原本的宣導性規範具有了事實上的強制力。「事實上的強制力」實際上指的是相關主體，特別是行政主體所擁有的權威，反映了的是其對相對人造成不利益的能力。在法律上，這種能力的存在雖然欠缺依據，但是在事實上被擁有著。[7] 不過，事實上的強制並不是上文中所說的「非強制性」，上文中的「非強制性」是法律上的「非強制性」，所以宣導性措施附隨一定的否定性後果與宣導性措施中的「非強制性」並不衝突。

2. 否定性後果相對否定說

否定性後果相對否定說主要是指政府在採取行政宣導性措施時可以附隨一定的否定性後果。持有類似觀點的是日本學者室井力。他認為，宣導性措施屬於一種權力性的事實行為，所以可以附隨一定的否定性後果。[8] 這也是筆者在宣導性措施的標準邊界所贊同的學說。我們可以從一個例子來看。某些地方在 2022 年 4 月針對無正當性理由未接種新冠疫苗的民眾採取了宣導這些民眾儘快接種新冠疫苗的措施，並在後面附隨了一個後果 —— 如果無正當理由不接種新冠疫苗的話，該人的健康碼會變成黃碼。從該事例來看，附隨的是一種事實上的強制性手段，但實際上，附隨的否定性後果和該措施的宣導性本質是並不衝突的。從健康碼來看，黃碼和紅碼所代表的後續結果並不一樣，黃碼在一般情況下只是相對性地限制相對人的活動範圍，如限制相對人進入公共場所，而紅碼代表的是徹底的失去自由，相對人只能在家中或者是集中隔離點進行自我隔離或者集中隔離。從上述黃紅碼的區別便能看出，如果要真正達到所謂的強制性，在措施的行為模式上就應該具有強制性，如不接種新冠肺炎疫苗即賦予紅碼可以算作

7　參見宋娟：《宣導性規範的法理學探析》，蘇州大學碩士學位論文，2019 年，第 14 頁。

8　參見室井編集長：《日本の近代行政法》，北京：中國政法大學出版社 1995 年版，第 29 頁。

是一種。而黃碼只是相對地限制了相對人的行動自由，他們在除規定不予進入的場所之外如社區內或者是大街上都是可以進行活動的，並且接種完新冠肺炎疫苗後相對人的健康碼黃碼就會變成綠碼，就會恢復完整的行動自由。這也是該學說所具有的優點所在，該學說其實也具備著一定的缺點，就是可能會被當成強制性措施去看，可能會對政府以及民眾造成一定的困擾。

3. 小結

政府採取的無正當理由不接種新冠疫苗賦予黃碼的行為可以歸類為應急行政宣導性措施。在該類措施中，賦予黃碼其實就屬於一種否定性的評價，因為黃碼在一定程度上限制了民眾的行動權，但實際上，該行為並沒有對民眾科以一定的強制，比如強制隔離或者行政拘留等等，因為只是部分的權利被限制，並不是所有的權利被限制。所以否定性後果本質上和宣導性措施的非強制性並不衝突。否定性後果相對否定說便是如此，宣導性措施可以附隨一定的否定性後果。這樣也能保障政府採取措施所能達到的效果。

（二）應急宣導措施的保障性制度標準

通過上一部分對應急行政宣導措施邊界的問題的探討，我們從應急行政宣導措施是否可以附隨一定的否定性後果而獲取了應急行政宣導措施的邊界 —— 可以附隨一定的否定性後果。但是，除了邊界問題之外，對宣導性措施的保障制度也是應急宣導性措施制度中非常重要的一環。對於保障性制度中所包含的措施而言，澳門特區政府採取的新冠疫苗接種的宣導性措施雖然有豁免工作日、抽獎、發放健康包、獎金等等形式，但是收效並沒有想象中的那麼完美，並且許多學者對這類措施提出了批評，認為此舉不符合比例原則，並且容易造成資源浪費。筆者認為，造成這種現象的原因主要是在疫苗接種信息溝通和疫苗基本信息披露的方面較為閉塞，導致民眾對新冠疫苗的信任

度沒有隨著接種率而提升，加上各種宣導性措施附隨的獎勵多種多樣，導致民眾可能會認為就是因為沒有其他人甘當試驗品才會去接種新冠疫苗。這種現象的出現其實是沒有一個較為完善的制度去規制應急行政宣導性措施，下面通過列舉兩個學說來具體討論一下制度標準。

1. 完全行政裁量說

所謂完全行政裁量說是指行政主體依據法律規範所賦予的選擇權而對如何行使行政權力進行選擇的一種學說。沈歸教授也持有類似的觀點，他認為自由裁量權就是選擇權。[9] 正如沈教授所認為的那樣，完全行政裁量從本質上而言是一種選擇活動。行政裁量從其本源來看是法定的行政主體對法律規範中列舉的不同行政權力的行使方式進行衡量比較從而選擇出一種最佳的行使方式，行政裁量的過程也就是行政主體選擇的過程，行政裁量的前提是法律規範所賦予的裁量權的存在。行政裁量是一種選擇活動，這一本質屬性決定了必須有可供選擇的對象，即必須有兩種以上的權力行使方式供行政主體挑選，只有單一的行政權力行使方式存在，不構成行政裁量。

行政裁量應具有正當性。對於行政裁量來說，正當性要求主要是在長期的法治實踐當中積累起來的一些原則性要求，並已在某些國家立法中得到了體現。例如，《葡萄牙行政程序法典》第一部分第二章規定了十一項一般原則，這其中我認為至少有以下幾項屬於對行政活動的正當性要求：第 4 條謀求公共利益原則及保護公民權益原則；第 5 條平等原則及適度原則；第 6 條公正原則及不偏不倚原則；第 6 條善意原則；第 10 條非官僚化原則及效率原則。結合這些立法經驗，行政裁量最適用的正當性要求的本質是比例原則。比例原則在許多國家的立法中有著相同含義的規定。《葡萄牙行政程序法典》第 5

9　參見沈歸：〈超越成文法律規則的有限選擇──淺議行政訴訟中的司法自由裁量權〉，《行政法學研究》1995 年第 3 期，第 49 頁。

條規定了適度原則：「行政當局的決定與私人權利或受法律保護的利益有衝突時，僅可在對擬達致的目標係屬適當及適度的情況下，損害這些權利或利益」。[10]

從上述立法規定中可以引申出，比例原則在行政裁量適用中的基本要求是，行政機關對行政權力進行裁量可以使裁量的內容與結果符合法定的比例關係。具體來說，包括以下幾方面的要求：從權力與目的的關係角度來說，對行政權力的選擇可以與法定目的相適應，通過選擇可以找到實現法定目的行政權力的最佳行使方式。從權力與結果的關係角度來說，對行政權力的選擇可以與現實效果相適應，通過對行政權力行使方式的選擇可以實現最佳的法律效果。從權利與義務的關係角度來說，對行政權力的選擇可以與行政相對人的權利、義務相適應，通過對行政權力行使方式的選擇可以使行政相對人享有的權利與承擔的義務成比例。從權力與責任的關係角度來說，對行政權力的選擇可以與行政相對人的行為、責任相適應，通過對行政權力行使方式的選擇可以使行政相對人的行為與法律責任成比例。

以接種疫苗的宣導性措施為例，澳門特區政府的行為便是處在完全自由裁量這一狀態之中，並沒有任何的法律上的限制，所以特區政府可以自由選擇所要採取的路線。對於疫苗相關的信息的公開這一方面，特區政府在完全公開疫苗相關信息和不完全公開疫苗相關信息這兩條路選擇了絕大部分的疫苗相關信息不公開的路線。特區政府這樣做其實也是有著一定的顧慮在裏面，如果把有關新冠疫苗的相關信息公佈出來，可能會造成一定的社會恐慌，這其實也是該學說的優點所在。不過該學說的缺點也非常明顯，若按照該學說，很可能會造成政府權力與義務不相適應，這會直接導致民眾與政府處在一個對立面。民眾因為這些信息的公佈而選擇不去接種新冠肺炎疫苗，不利於

10　參見胡延廣：《行政裁量研究》，中國社會科學院研究生院碩士學位論文，2003 年，第 21-22 頁。

行政效果的達成。

2. 專門法律干預說

　　該學說主要是指要制定一部專門的法律去干預政府的自由裁量權。持有類似觀點的是斯蒂芬（James F. Stephen）。斯蒂芬強調，一個健全的自由主義政治體制必須以自由主義式德性為其支撐。因此，個體自由的發展可以受到公民德性的基本規範。而在構築基本德性的眾多途徑中，以法律推進公民的道德水平的效果為最佳。[11] 與完全行政裁量說不同，專門法律干預說更強調限制政府的自由裁量權，認為政府可以在一些事情上採取專項的法律規制。這其實也是法律家長主義的表現，法律家長主義的核心是為了保護相對人的利益而規制一定的問題。對於該主義而言，比較重要的一個特性便是風險規避，正如德國學者烏爾里希・貝克（Ulrich Beck）所分析的那樣，現代社會是一個風險社會。[12] 除了傳統意義上的自然風險不斷發生之外，更主要的是各種其他類型的風險的急劇增多，如重大傳染病事件。在風險社會中，更好的風險管控成為政府越來越重要的工作主題。法律家長主義就是應對和控制風險的重要策略。例如，法律強制特殊行業的從業人員必須採取特殊的措施，強制摩托車駕駛員佩戴安全頭盔，強制機動車所有者投保交通事故責任強制保險。這樣，當實際的危險發生時，行為人所遭受的損害或損失將會降低到最低程度，或者由社會來分擔。

　　對於政府而言，並不意味著法律可以隨意以替行為人防範某種風險為由而進行家長主義干預。就日常生活經驗而言，各種難以預料和控制的風險遍及日常生活世界的各個角落。如果允許法律隨意地以預防某種風險為由而施加家長主義干預，幾乎所有的私人行為都可能遭受法律的干預。這顯然是我們不願意接受的災難性局面。一般來

11　參見王碩：《利他救助法律干預研究》，吉林大學博士論文，2017 年，第 18 頁。

12　參見〔德〕烏爾里希・貝克：《風險社會》，何博聞譯，南京：譯林出版社 2004 年版，第 64 頁。

說，只有那些實際危害較大且與民眾生活息息相關的風險，法律才能進行干預。因此，設定法律干預之前，立法者要對潛在的風險進行全方位的分析和評估：（1）風險發生的幾率。風險並不等於實際存在的危險，而只是代表了實際存在的危險發生的概率。各種風險的發生概率不同，意味著人們實際面臨這些危險的概率也就不同。比如說每個人在大街上前行時，都會有遇到建築物上擱置物或懸掛物墜落砸傷的風險，但這種風險發生的概率極低。法律通常只對那些發生概率較高的風險進行干預。例如，許多國家都存在著諸如養老保險、醫療保險、失業保險、工傷保險、生育保險這樣的社會保障措施，並且這些措施都被法律所規制，法律之所以規制就在於工傷、生病、失業、養老等問題是大部分民眾的漫長的一生中都必然會遇到的風險。（2）風險的危害性。儘管各種風險都會對人們的利益構成威脅，但不同的風險所威脅的利益和危害程度可能會有所不同。法律通常只對那些與民眾息息相關的嚴重威脅所造成的風險進行干預。

3. 小結

對於澳門特別行政區政府而言，尤其是在接種新冠肺炎疫苗這一問題上，對於疫苗相關信息這方面，筆者認為應該選擇專門法律干預說這個學說，通過制定一部專門的法律或者是專門的一些法條來進行規制。與完全行政裁量說相比，專門法律干預說的優點就在於運用規範來干預行政主體的為與不為，以來促進行政主體更好地達成行政目標。並且，信息公開是一種選擇性的行為，行政主體可以選擇公開也可以選擇不公開，但是這樣做會損害民眾的知情權以及其他附帶性權益，為了解決這些問題，就要用規範去規制。新冠疫苗的相關信息與民眾的健康息息相關，將其公開出來其實也是為了更好地保障民眾們的健康權和知情權，這樣其實也有利於風險規避。公開信息和宣導性措施的採取並不衝突，相反，將新冠疫苗的信息公開出來恰恰是為了更好地保障宣導性措施的運用，他們的指向都是相同的，都是要保

護相對人的權益，這也就是保障性措施制度的最佳性所在。

四、澳門重大傳染病事件事件中應急行政宣導制度的優化與建議

（一）設立一定的否定性後果標準

對於澳門特別行政區政府而言，目前還是沒有任何有關宣導性措施的否定性後果相關的制度去規範。在這方面我們可以參考德國。雖然說德國並沒有在否定性後方面設定了一個較為明確的標準，但是我們可以參考在聚集限制這方面的設置。德國的聚集限制的實施標準突破了對原有的基本權利的保護，而且還提供了不同蔓延程度情形下的聚集限制的相應標準。聯邦德國《基本法》（*Grundgesetz*）第 11 條規定了行動自由的公民基本權利，並在相應項下條款概括明確了在特定限制條件下——「流行病、自然災害等即將發生的危險」[13]，可以採取必要限制公民行動自由之措施。這從整個法律體系的基礎上明確了公民權利可以被限縮的合法地位，並劃定了十分清晰的分界線。總的來說，防疫過程中限制公民行動自由有法可依，限制措施又有利於防控效果的實現。而在其他的專門法律中，《感染保護法》（IFSG）第 28 條規定了在確認或懷疑感染的情形下，可以對相應人群採取行動限制，其中明確提出「麻疹」這一類傳染病，卻未體現當前最緊迫的新冠病毒這一傳染病威脅。為了應對 2019 年開始的新冠病毒，又追加了 28a 條——對 Coronavirus SARS-CoV-2 的特殊保護措施，詳細作出了十七項有關出入、集會等聚集的接觸限制，對盡快恢復社會秩序十分有效，最終有利於疫情防控的實施。《感染保護法》（IFSG）第五節第 28a 條對行為的限制如：「在私人和公共場所的出入或接觸

13　參見 1949 年《德意志聯邦共和國基本法》（簡稱 GG）第 11 條第（1）、（2）款〔*Grundgesetz für die Bundesrepublik Deutschland 1949* (abbr. GG)〕。

限制、在公共場所對保持距離的要求」[14]，等等。

　　從上述法條可以看出，德國的法律規範對細節的表述也不是那麼的明晰，所以我們可以在《傳染病防治法》中加入有關否定性後果標準的內容。政府在採取宣導性措施時，可以直接附隨一定的否定性後果。政府可以附隨一定的事實後果，諸如採取柔性且可撤銷的行政手段，但不能附隨限制人身自由的否定性後果，因為限制人身自由屬於強制措施，本質上就是強制行為。

（二）建立有效的信息公開制度

　　全面、透明的信息公開制度就是對疫苗接種的宣導性措施的有效保障。不過在目前，澳門特區並沒有一個相應的制度去規制信息公開。縱觀全球，筆者認為美國的 FDA（即食品藥品監督管理局）的模式是值得學習的，定期進行信息公開是 FDA 的政策傳統。FDA 在官網上設有一個獨立的藥品頁面，依據病毒種類（如新冠肺炎病毒等）對相應的信息進行公開，使訪問者對政策內容一目了然。FDA 公開的信息不僅包括藥品的名稱、適應症和禁忌症等基本情況，還面向使用者提供了適宜劑量、不良事件等內容，確保藥品的使用在知情的前提下進行。在新冠疫苗的相關信息上也是如此，FDA 公開了新冠肺炎疫苗的廠家、品種、疫苗成分、禁忌症狀以及涉及到的政策信息、法律法規等等。

　　據此，為確保信息的權威性和真實性，筆者建議由澳門特別行政區衛生局或者社會文化司主導，結合突發性公共衛生事件的整體情況，對緊急使用授權的信息予以公佈，來保障宣導性措施的實行。具體而言，全面的信息公開制度至少應該包括如下內容：公開政策信息，包括緊急使用授權的法律、部門規章、工作辦法和行業規範等；

14　參見《預防和控制人類傳染病法》（簡稱 IFSG）第 28a 條〔Gesetzzur Verhütung und Bekämpfung von Infektionskrankheiten beim Menschen (abbr. IFSG)〕。

公開技術信息，包括所涉藥品的名稱、權利人、授權時間、授權範圍、授權書、情況說明書和決定備忘錄等；公開風險信息，包括藥品的注意事項、適應症、禁忌症和不良反應的情況及跟進。因此，可以建立有效的疫苗安全風險交流機制，增強疫苗接種推動措施的實效性。具體而言，首先，可以合理設定各類行政機關的風險交流責任，促進相關部門主動公佈疫苗信息。對於特區政府而言，特區政府層面可以制定「信息交流指南」，向下級司局明確疫苗信息的範圍，以及溝通時機、管道、頻率、信息的表現形式等。不僅如此，還應注重發揮公共衛生專家、醫學專家在信息交流中的作用，及時評估信息交流的實施效果。公眾也可以在信息交流過程中對政府推動疫苗接種工作行使批評、建議的權利。其次，特區政府應規定可以建立專門網站，披露疫苗相關信息。對於疫苗信息發佈網站的內容，筆者認為可以包括疫苗試驗數據、生產情況、冷鏈運輸體系、監管政策、接種人數、不良反應情形、發生時間、發生異常反應後的救濟程序、補償標準等等。這樣做可使公眾迅速瞭解有效信息，起到宣導強化公民接種新冠疫苗的意識，減少民眾對新冠疫苗接種的疑慮。[15]

15　參見張瑞瑤、曹珊雨：〈你願意接種新冠疫苗嗎？——以昆明市民的新冠疫苗接種動機研究為例〉，《2021 年中國新聞史學會健康傳播專業委員會暨第四屆「醫療、人文與媒介：健康中國與健康傳播研究」國際學術研討會論文集》，2021 年，第 50-64 頁。

第五章

澳門特區重大傳染病事件行政應急救濟法制度研究

澳門特區重大傳染病事件
應急致損的補償標準研究

◇◇◇

▌一、應急致損補償問題的背景探析

在重大傳染病事件當中,公私權力的衝突加劇,表現也異常明顯,而行政權在取捨與平衡的過程中,必然存在著對私權利造成損害的可能,因此在後疫情時代,行政賠償與行政補償成為政府所必須面對的重要問題。重大傳染病事件應急致損補償代表的是在重大傳染病事件等緊急狀態下,為讓渡合法緊急措施下的公共利益,國家對私人遭受特別損失所進行的補償。其不僅屬於公共應急制度當中的內容,同時也是國家補償責任中的一部分,可以說屬於一種交叉制度。同時對於平衡公權力與保障人權方面,具有不容忽視的意義。如今,在澳門特別行政區,雖然對於重大傳染病事件應急致損在某些層面具有相應的補償措施,比如接種新冠疫苗後的不良反應,但在總體的相關立法、制度以及學界研究當中,存在補償制度不完善,缺乏相應的補償標準,依靠政策調整進行補償存在較大的隨意性,公平性無法得到保障等問題,同時規定內容相對較為混亂,不具有統一標準,導致執法者在具體補償操作過程中操作較為困難,且目前並未給予相應的重視,依舊處在「邊緣化」的狀態之下。

自 2019 年年底新冠肺炎疫情爆發之後,可以預見在經濟和民生

等各種優先順序更高的政府工作目標中，抗疫及其伴隨而行的諸多重大傳染病事件臨時管控措施將會在中國內地及澳門特別行政區作出重大調整。如此，在將近三年之久的超長重大傳染病事件狀態下被壓制或忽略的私權利與逐漸勢弱的公權力之間的衝突或將爆發，特別行政區政府如果在應急致損補償標準處置方面未給予足夠的重視、研判適當的預案，將對其公信力和後疫情時代的社會治理帶來較大的負面衝擊。通過研究重大傳染病事件致損的賠償標準，一方面能夠以此次新冠疫情為契機，規範政府在重大傳染病事件中的各種規制措施，疏導化解私權利對特殊時期公權力超常行使而導致損失帶來的糾紛和矛盾，另一方面能夠以法治軌道而非其他維持社會穩定，避免標準不一、思想混亂甚至造成社會動亂。

在新冠疫情之下，應急致損可能包含各類財產、人身、精神損害，例如封閉管理之下的酒店房費開支、動物撲殺、疫苗後續問題補償等。本文主要以接種新冠疫苗致損這一典型重大傳染病事件應急損害補償標準進行論述。

疫情時代以來，全球越來越多國家的民眾開始接種新冠疫苗，然而所有新冠疫苗的研發都比較急迫，它們以比正常研製快得多的速度被推向抗疫一線。2020 年底，美國輝瑞疫苗由於有效率達 95% 且無嚴重副作用被英國、挪威、美國等國緊急使用，但公開數據顯示，挪威 2.5 萬人注射輝瑞疫苗後 23 人出現死亡，其中 13 人被認定是疫苗的副作用所致。截至 2020 年 12 月，美國 21,720 名接種輝瑞疫苗的試驗中，四位出現貝爾氏麻痹症即面癱，隨後多國出現注射該疫苗後死亡的案例。此外，近日美國六名女性在接種強生疫苗後出現罕見血栓情況，且一人死亡，這使得美國衛生當局呼籲暫停接種疫苗，以調查在接種過程中出現的嚴重血栓病例。另外，依照相關數據統計，由開始接種新冠疫苗截止至 2022 年 6 月 19 日，澳門特別行政區衛生局共通報 5,240 宗不良事件，其中包括 14 宗嚴重不良事件，5,226 宗

輕微不良事件。全球接種新冠疫苗後產生的個別不良反應和意外情況，使得民眾更加擔心疫苗的品質安全。如何消除民眾接種疫苗的戒備心成為政府部門思考的重要議題，這也可以說是澳門重大傳染病事件應急致損補償標準研究中的一項重點內容。

二、應急致損補償問題概念梳理與法律定位分析

（一）重大傳染病事件應急致損與行政賠償、行政補償

在重大傳染病事件當中，行政機關為有效應對，難免採取一系列緊急措施，正是這些措施，往往會對公民合法權益造成侵害，進一步導致行政賠償或行政補償等結果的發生。對於行政賠償與行政補償加以區分的重要標準是導致其發生的原因：通常而言，行政賠償以行政機關違法行為或過失行為作為基礎，而行政補償則通常是在行政機關合法或無過錯行為之下。

在行為時間方面可以看出，行政補償相對行政賠償時間較晚。其具體區別如下：

在行政賠償方面，世界範圍內廣泛認同在重大傳染病事件當中，行政機關對於自身違法行為或過失行為具有相應的賠償責任。對比大陸法系國家而言，英美法系更為寬鬆，要求政府以過失或瀆職等情況作為基礎，承擔相應的責任，比如英國《王權訴訟法》將公務員過失作為國家賠償責任的基礎，也就是說政府需要對未盡注意義務的行政行為之下產生的損害負責。但對大陸法系國家而言，通常是在公權力不符合法律規定的情況下，或者違法情況下承擔相應的賠償責任。比如法國有關「公務過錯」的說法，在重大傳染病事件當中，政府未盡到防範義務，導致公民因此而受到損害，政府需要予以相應的賠償。

行政補償通常而言是針對合法行政行為或者不存在過錯的行政

行為之下，產生損害或者犧牲而進行的彌補行為。在大陸法系國家，通常以「特別犧牲」作為基礎，進一步建立相關補償體系。在重大傳染病事件當中，行政補償可能包含了政府由於特殊措施導致特定人群產生損失後的補償，或者由於合法行政行為產生侵害的補償，以及對行政行為合作者的相關補償等。查閱我國相關法律可以得知，在內地既往的重大傳染病事件當中，行政補償通常表現在為防治動物疾病而進行的撲殺當中，例如在 2015 年修訂的《中華人民共和國動物防疫法》第 66 條當中規定：在動物疫病預防和控制、撲滅過程中強制撲殺的動物、銷毀的動物產品和相關物品，縣級以上人民政府應當給予補償。但在澳門第 7/2020 號《動物防疫法》第 21 條免責條款規定當中則表示，因執行相關規定而採取的所有措施，利害關係人無權要求澳門特別行政區政府作出任何補償。

　　然而，目前在現實操作中所存在的問題在於，行政機關「違法」與否並沒有較為清晰或明確的標準判斷，這也導致在許多方面的行政賠償與行政補償雖無構成要件方面的完全重疊，然而在實際當中卻沒有較為明確的區別，所以應當在逐步完善的司法裁判過程中，使其細節界限更為明確清晰。

（二）應急致損補償責任的定位

1. 補償責任定位的必要性

　　重大傳染病事件中應急行政行為本身具有一定的風險性，同時由於應急行為以及作用對象的特殊狀況，若加以強制性原則，作為行政機關需要對於該風險領域具有更高的注意義務，避免致損後果的出現，同時在此情況下，需要更好地保護在重大傳染病事件當中的公共財產及人身安全。

　　因此，在行政機關未履行此類義務造成損害的情況下，應當承擔相應的補償責任，這可以說是重大傳染病事件應急致損補償的法理

基礎。同時，廣泛認同的觀點在於，在重大傳染病事件應急領域，無法全面有效地避免風險產生。因此有必要通過制度建設，提升行政機關的注意義務，從而儘可能避免損害後果的產生，在致損結果產生後，也能夠確保公民獲得相應的補償救濟。

例如在新冠疫苗接種方面，國際上包含了財政、基金、保險和混合補償模式。對於我國而言，現階段劃分為第一類與第二類疫苗，前者是政府免費提供給公民，公民需要依照政府規定接種的疫苗，具備公益與強制性的特點，其中部分公民承擔偶發風險，進一步避免社會層面的傳染病傳播，因此承擔偶發風險的公民應當獲得政府補償；而第二類疫苗則是公民自費以及自願接種，對此我國並沒有相應的法律規定，然而，因為疫苗生產企業在經濟層面獲得了相應的收益，因此應當補償接種方的損失。可以說在疫苗方面，我國表現為混合補償模式。[1]

然而在重大傳染病事件當中，接種新冠疫苗不良反應具備一定的特殊性：在偶合反應、心因性反應、加重反應及過錯反應等方面往往無法適用於國家補償[2]，但在另一層面，異常反應的公民本身就是為了公眾利益的犧牲，應當獲得保護。[3]

為維護社會穩定以及確保公民權益不受損害，急需進行補償責任的定位，並引入新的補償模式，建立健全應急致損補償機制，避免無過錯當事人的經濟損失以及人身風險。

2. 現行責任體系下應急致損補償的定位困境

目前我國對於行政機關而言，國家責任包含了行政補償、徵收徵用補償、信賴保護補償與衡平補償等方面。而應急致損補償由於不

1　參見岳大海、常捷、侯志遠：〈國際上疫苗接種異常反應補償機制借鑒〉，《中國衛生經濟》2014年第 33 期，第 93-96 頁。

2　參見陳穎、段洪嬪：〈建立我國預防接種不良反應法律救濟機制的思考〉，《社科縱橫（新理論版）》2011 年第 26 期，第 95-97 頁。

3　參見焦豔玲：〈預防接種異常反應補償制度研究〉，《河北法學》2011 年第 29 期，第 31-38 頁。

存在違法公權力行為，往往無法在如今的國家責任當中進行解釋；同時相關補償既不屬於國家賠償法當中的違法行政賠償，也不屬於徵收徵用補償等範疇。

此外，依照《中華人民共和國憲法》第 13 條的規定，徵收徵用是對於個人財產所進行的剝奪，存在一定的侵害，但應急致損並非剝奪個人權利。例如在新冠疫苗接種損害之中，可能是科學技術在使用過程中所存在的風險，此種損害並不具備侵害的目的。而且，生命健康權本身也並不屬於可以被徵收或者徵用的對象，因此沒有辦法依照此種方式加以定位。

依照《中華人民共和國憲法》第 45 條的規定，「公民在年老、疾病或者喪失勞動能力的情況下，有從國家和社會獲得物質幫助的權利。國家發展為公民享受這些權利所需要的社會保險、社會救濟和醫療衛生事業。」上述定位可以說是通過國家補償進一步達到分配正義的目的。但在此種狀況下，行政行為與致損並不存在相應的關係，同時補償標準也不以具體損失情況作為考量，並非真正彌補致損結果，僅僅屬於一定的政治責任，沒有「正視」其中所存在的法律責任。

3. 應急致損作為公法上的危險責任

在重大傳染病事件當中，可能伴隨一定的危險狀態，公權力的擴張可能進一步產生不平等或者嚴重損害，造成民眾無法容忍的後果。而作為公權力的基礎，國家在公法層面的危險責任與憲法第 13 條規定當中所包含的特別犧牲保護理念相符合。可以說該徵收條款屬於對財產權的剝奪與限制，從而產生相應的行政補償。因此，類推可知，重大傳染病事件應急狀態下，危險責任造成的損害更應當得到相應的行政補償。

例如在新冠疫苗接種過程中，必然存在一定的技術風險，而致損也並非是法律強制之下所導致的結果，因此可能會出現偶然且不具有目的性的危險狀況。而國家補償的基礎是行政行為對於公民產生了

不能避免的危險。

危險責任與行政行為是否合法無關，其重點內容是對於致損問題所進行的補償。台灣學者林錫堯表示，公法上危險責任的主要特徵在於國家責任之成立不問國家活動是否違法，也不問國家有無故意或過失，故公法上危險責任就其責任之成立不以過失為必要而言，可以認為屬於「無過失責任」。

此外，在重大傳染病事件的危險狀態之下，行使公權力造成的損害需要國家承擔相應的補償責任，也就是公法當中的危險責任，其可以說是區別於國家賠償的重點內容，其侵害不具有一定的目的性。其與重大傳染病事件當中的公權力相結合所導致的危險狀態，是應急致損補償的一項獨特構成。

（三）澳門重大傳染病事件疫苗致損補償制度

澳門特別行政區在新冠疫苗預防接種方面所實行的是公私合作的模式，各個環節緊密相連，疫苗上市許可持有人通過相關機構批准研製並銷售疫苗，由衛生局負責預防接種監管工作，而在這其中如果出現任何問題都有可能會造成受種者在預防接種過程中發生損害。通過上文論述，其屬於賠償範疇，在補償制度之下不進行相應的討論。在此主要討論的是無過錯的致損補償問題。

根據《澳門特別行政區基本法》第 50 條第（五）項及第 2/2004 號法律《傳染病防治法》第 33 條的規定，經徵詢行政會的意見，制定《防疫接種制度》這一補充性行政法規。其中表示防疫接種計劃包含下列疫苗：（一）常規疫苗；（二）非常規疫苗。常規疫苗是指在澳門特別行政區以持續及系統的方式接種的疫苗。非常規疫苗是指在特定時期，根據澳門特別行政區或以外的國家或地區的流行病學情況而接種的疫苗。也就是上文所說中國內地的第二類疫苗。其中第 6 條表明「衛生局局長可基於利害關係人的申請，全部或部分豁免因治

療接種疫苗所引起的不良反應而產生的醫療衛生服務費用」。而其中的「預防接種異常反應」被界定為「相關各方均無過錯的藥品不良反應」，其不以違法作為基礎，同時也不具有主觀責任。在合格疫苗注射的前提下，為有效防治傳染病，行政機關在遵守注意義務的前提下出現損害，此種行為並不違法。也就是說既不以違法為前提，也排除了主觀歸責。

　　而對於新冠疫苗致損補償方面，澳門政府為了向新冠病毒疫苗接種人士提供額外的保障，已為接種疫苗群體購買團體保險，涵蓋16 至 85 歲人群。如果有人因接種疫苗後的不良反應或副作用，導致過世或永久完全傷殘，最高的保障額為每人一百萬澳門元，七十歲或以上的最高保額為五十萬澳門元，保障期為接種任何新冠疫苗劑次後的九十天內。澳門衛生局也會負責所有因接種疫苗而出現不良反應或副作用的醫療服務。

　　此項規定表明了澳門特區政府承擔了在危險責任下關於疫苗接種的行政補償，對於整體應急致損補償機制的建立以及標準的研究具有積極的影響作用。

三、重大傳染病事件應急致損補償的理論定位

（一）特別犧牲補償論

　　應急致損補償是在重大傳染病事件應急致損發生後的補救措施，而補償制度的價值曲線也體現在理論基礎的選擇上。對於應急致損補償的理論定位，學術界所提出的特別犧牲補償論觀點，與第二章當中所提到的徵收徵用補償相似。「特別犧牲補償論」在根本上所代表的是個人利益為社會利益的讓渡，在面對公共利益需求的情況下，公民個人權利以及個人自由的讓步屬於一種「特別犧牲」，在損失超出一定界限的時候，需要國家予以相應的補償，這是公私利益平衡的

重點，同時也可以說是公民權利保障的重要內容。徵收徵用補償屬於針對人民財產權的損失所進行的補償，但由此推論至重大傳染病事件當中，人民也可能會產生一系列非財產性權利的損失，例如健康權、自由權的損害，該觀點認為，在此狀況下可以借鑒德國公法建構公益犧牲補償類型。

針對強制預防接種的損害，德國聯邦最高法院於 1953 年的個案裁判援引 1794 年的《普魯士一般邦法典》，認同「公益犧牲請求權」，並認同「人身權」的特別犧牲，擴展了原本規定的財產權，在一定程度上彌補了國家責任體系當中的空白。

將特別犧牲作為重大傳染病事件應急致損補償的前提具備合理性，無需通過財產權進行補償類型的區分。因為在應急行政行為當中，包含了可能致損的間接要件，而特別犧牲不只是財產的犧牲，還包括健康權、自由權在公共利益之下的讓步。所以特別犧牲僅僅是應急致損的補償基礎，並沒有包含清晰的責任結構，權力以及損害的複雜化導致後續標準認定存在一定的困難，同時也缺乏相關司法實踐作為前提。

此外，如果只是簡單地把重大傳染病事件應急致損的國家補償責任作為特別犧牲補償進行解釋，還存在一定的邏輯問題。假如不再把「相關各方均無過錯」作為補償構成要件，在相關主體存在過錯的情況下產生的損害，對於行政補償會產生怎樣的作用？亦或者在此種狀況下是否依舊成立應急致損補償責任？比如有學者提出在受種者存在過失的情況下，是否適用於公益犧牲，以及是否符合充分救濟的目標？同時，以「犧牲」作為主要前提所認定的補償，往往無法精準反推，難以對於政府行使公權力的過程中的致損相關行為作出界定並制定相關標準。這些問題在特別犧牲論之中將無法進行合理有效、邏輯自洽的解釋。

（二）自由市場社會保障論

社會保障也稱社會安全，是指通過社會的共同努力對遭受社會危險的社會成員給予一定的物質利益，從而使其擺脫生活困境，維持生活安全的一種社會方案。[4]

有觀點表示，通常情況下，在重大傳染病事件當中可以適用自由市場行為，依靠市場補償與修復進行資源配置，轉移致損風險。社會保障制度是分配主義的表現，在一定程度上與侵權行為擴張存在一定關聯，即重視致損救助，但並不考慮損害緣由，是社會共同責任的體現。可以說自由市場社會保障論是致損後果到社會其他成員當中的風險轉移，這種轉移不但包含了重大傳染病事件受損方與不受損方的橫向轉移，同時也包含了受損方自身在時間方面的轉移，比如過去社會保障行為是彌補如今受損的縱向轉移，相當於提前購買「保險」。而由於重大傳染病事件應急行為的特殊性、複雜性與風險性，造成致損補償在傳統法律救濟當中無法獲得實現，也是社會保障制度向應急致損擴張的一項重要原因。

通過對比其他國家相關經驗可以瞭解到，預防接種不良反應救濟通常屬於社會保障的相關內容，例如在《英國疫苗傷害賠付法案》、《德國傳染病法》等救濟制度及醫療事故補償制度的規定。甚至我國台灣地區制定的《預防接種受害救濟基金徵收及審議辦法》，也屬於社會保障當中的相關內容。目前我國的預防接種異常反應補償並非典型的社會保障制度，但學界不乏觀點認為預防接種異常反應救濟應以社會保障路徑為最終的理想模式。[5]

筆者認為，重大傳染病事件本身存在著許多不可預計的風險，在澳門特別行政區目前的背景之下，依靠社會保障完成應急致損補

4　參見鄭秉文等著：《社會保障體制改革攻堅》，北京：中國水利水電出版社 2005 年版，第 128 頁。

5　參見呂清雄：〈從法律觀點看 H1N1 疫苗傷害之認定〉，《台灣法學雜誌》2010 年第 2 期，第 15 頁；程關松、李燕飛：〈預防接種異常反應補償的救濟途徑〉，《中國社會科學報》2020 年 4 月 15 日，第 06 版。

償，可能會出現市場失控現象。針對特定群體的應急管理行為致損後果，如若進行社會化損失分擔，可能存在邏輯障礙。例如由於新冠疫情，風險區受損者被隔離在酒店造成的財產損失，在社會保障功能之下，可能將由非風險區公民予以分擔，如此一來很難實現社會保障中的公平性。同時，上文中提到，在重大傳染病事件當中，難免出現公權力擴張等問題，如若通過自由市場社會保障論，對於公權力擴張限制將大大降低，甚至完全剝離了政府在重大傳染病事件當中的風險責任，造成權力濫用等問題，在實踐中更是無法實現私權利的保障。

（三）公權力附隨效果致損補償論

有學者表示，在重大傳染病事件這一風險狀態下，面對應急致損的相關情形，存在相應的「公權力附隨效果致損補償論」，其通常所代表的是行政主體以社會公共利益為基礎，在合法行政行為之下產生的意外後果，對於公民的人身權或者財產權產生了意外損害，其與公權力行為存在一定的聯繫，但同時存在偶然性以及不可避免的風險。附隨效果本身不具有具體行政行為的目的性，沒有法律上的約束力，但這一事實的存在卻對公民的合法權益產生了事實影響。而公權力附隨效果致損的理論依據是行政主體以社會公共利益為前提實施合法行為，但在實施過程附隨出現了對公民人身權、財產權或自由權的損害。

目前在澳門特別行政區相關法律當中，並沒有關於重大傳染病事件公權力致損的行政補償規定。但在風險社會背景下，行政機關在應急處理進程中，為確保社會穩定、保護公共利益，難免使部分公民私權利在重大傳染病事件應急行為當中受到損害。雖然此類公權力行為不存在違法問題，但其所產生的直接損害或間接損害則是不容忽視的，因此公權力附隨效果致損補償論具備相應的合理性。除上述特別犧牲理論以外，在行政機關採取應急措施的過程中，相關措施產生了

一定的危險狀態，這可以說是補償標準構建的另一項重要構成要件，這種危險狀態造成了公民各項權利的損害。通過行政補償在一定程度上體現了人權保障精神，《澳門特別行政區基本法》第三章對於居民基本權力與義務進行了全面規定。人權保障是法律賦予公民的基本權力，也是法治國家的重要特徵，而人身權與財產權往往是人權問題當中最為突出和重要的內容。在重大傳染病事件後，行政機關由於應急處理造成的損害問題，如果沒有及時進行補償，或者沒有法律制度作為基礎，則無法提供有效保障。同時，公權力附隨效果致損補償論也是彰顯公平與正義的表現，是實現「有權利必有救濟」這一法治原則的補救措施，與憲政以及法治要求相符合。

在必要性層面，這一補償原則對於限制公權力擴張有一定的作用。通常情況下，以行政權力作為中心，行政機關同時具有決策權、執行權、行政立法權等。在正常狀態下，公權力就已經可以廣泛涉及到各個領域和各個群體當中，同時其本身具備強烈的擴張衝動及擴張空間。而在重大傳染病事件當中，為保障大多數人的利益，行政機關往往擁有更大的權限與空間，造成私權利不斷被擠壓。而行政補償制度的建立，則可以有效避免此類情況。

因此，在重大傳染病事件當中，公權力附隨效果致損補償論的建立，以缺乏目的性侵害、特別犧牲與公權力附隨效果為基礎，能夠對於政府行政應急權產生限制，同時確保公民私權利得到保障，提高其參與公共事件應急處理的積極性，更好地挽救公共利益，有助於重大傳染病事件應急致損補償標準的建立。

四、澳門重大傳染病事件應急致損補償標準的優化和建議

（一）完善因果認定

在重大傳染病事件應急致損條件下，行政補償責任以公權力附

隨效果致損補償論作為前提，對於補償標準的建立具有一定的指引作用以及參考價值。澳門特別行政區現有制度設置並未對相關內容進行界定，筆者建議可以從完善因果認定程序入手，進一步完善損害補償制度和社會監督機制，從而有效明確補償範圍，拓寬補償權益。

如上文所述，重大傳染病事件應急致損行政補償以風險狀態下的合法公權力作為前提，同時不具備損害的目的性。因此，在法律層面認定此邏輯關係，對於受損者是否可以獲得補償有十分重要的影響。如果因果關係認定程序存在問題，也就無法啟動補償程序，受損者難以獲得相應的救濟。

例如在重大傳染病事件疫苗致損賠償與補償方面，假如存在相關證據表明疫苗在生產、流通以及注射等環節當中存在違法過錯，造成疫苗品質受到影響導致損害，通常通過民事賠償進行解決。假如無法舉證，可將其納入到補償範圍當中，在滿足「合法公權力」與「不具備損害目的性的附隨效果致損」的因果關係之下，實現致損補償。

美國在疫苗補償方面，對於因果關係的證明體系進行了明確規定，例如建立疫苗異常反應清單，對於接種後可能產生的損害以及時間限制進行列舉，不需要受損者加以證明。但作為重大傳染病事件而言，新冠疫情短時間內迅速爆發，疫苗損害結果很難在短時間內加以明確。但從因果關係證明方面而言，無論發生何種損害結果，應當具有時間區間，利用假定存在的因果關係加以確認。

而在我國台灣地區《預防接種受害救濟基金徵收基準及審議辦法》第7條對於損害進行了四類劃分，包括：死亡、身心障礙、嚴重疾病和其他因接種致不良反應者的給付。在因果關係層面，則包含了因預防接種、無法排除因預防接種以及因其他原因三個方面。在存在爭議的「無法排除因預防接種」層面，依照四類損害的不同，補償數額也有一定的區別。同時，疑因預防接種受害致死，並經病理解剖者，給付喪葬補助費新台幣二十萬元。

借鑒以上經驗，筆者認為，澳門地區可以結合相關經驗及成果，在因果關係認定程序的基礎上，完善法律制度，細化在重大傳染病事件應急致損的前提下不同損害後果的補償標準。而在因果關係模糊的情況下，可以借鑒上述台灣地區的制度，使受損者在最大程度上獲得「無法排除」之利益。

（二）完善損害補償制度

德國與日本作為大陸法系的代表，對於補償制度及理論研究較為深入，在澳門特別行政區建立行政補償制度的過程中，可以將其作為研究對象，借鑒其對於英美法系當中盤點制度的引用，在涉及財產權、人身權等方面，使受損人的相關利益獲得全面保障。

澳門在重大傳染病事件中的補償範圍相對較為狹窄，目前查閱相關資料瞭解到，只有在疫苗致損方面存在直接損害補償，並沒有提及間接損害補償等內容。在第 7/2020 號《動物防疫法》當中則存在相應的免責條款，沒有對補償制度加以規定，無法有效保障在重大傳染病事件應急致損情況下受損者的利益。

在經濟發展與國際交流日益複雜的情況下，重大傳染病事件的發生幾率也將隨之增加。在澳門特區政府及時啟動應急預案避免損失的過程中，難免對於某些行政相對人的權益產生損害，雖然這些損害以合法行政行為為基礎，但因為行政補償理論的不成熟，導致實際操作過程中「無法可依」，因此有必要進行補償制度的完善，避免其散見於各個法律法規當中，而是在行政補償制度當中加入直接以及間接補償方式，確保在重大傳染病事件應急致損狀態下，受損人的合法利益能夠得到充分保護。

在具體操作過程中，直接補償也稱為經濟補償，是通過補償一定金額的方式開展，而間接補償則通常是其他補償方式，包含了返還原物、減免稅收等方式。前者實施較為迅速，效果也相對明顯，但存

在覆蓋範圍不到位等一系列問題，而間接補償則能夠具有更加靈活的效益，但實施相對較為緩慢。

依照英國 1971 年《城鄉計劃法》的規定：「公民的土地或者房屋因受到公共機構執行計劃的影響而不能合理地有益利用時，可以請求執行計劃的機構購買公民因此而不能利用的地產。」在此種補償方式之下，公民能夠強制要求行政主體承擔可能出現的財產損失風險。此種特殊的補償方式在重大傳染病事件應急損害行政補償制度建設過程中也能夠提供一定的參考。[6]

在重大傳染病事件當中，因為受損人在合法公權力之下的損害情節、嚴重程度存在區別，受損情況可能存在一系列的差異，在補償方式方面必然存在一定的不同，因此並非直接賠償能夠完全覆蓋。例如徵用酒店進行集中隔離，解除隔離後依舊存在生意慘淡等情況，此時則可以通過稅收優惠的間接補償方式進行。在實踐過程中，最好的補償方式一定是恢復原狀，但大多數情況下，產生的人身損害或者財產損害都是無法逆轉的，因此可以通過直接與間接相結合的方式，確保行政補償效率的有效提升。

在完善補償制度的基礎上，還需要對於補償制度進行程序性規定，確保行政相對人有所依據，同時避免行政主體在補償行為過程中存在的違法問題，確保補償標準的真正落實。行政補償程序通常包含公告、申請、協商以及裁定等程序，而按照程序啟動時間的區別，行政補償包含了事前與事後補償兩方面的內容。因為重大傳染病事件應急致損是應急行為率先發生，此類補償程序屬於事後補償。因此在程序規定方面應包含如下階段：

第一，確定公權力是否合法，這也是公權力附隨效果補償論的前提，如果公權力違法，則適用於賠償程序，認定合法後公告相關結

6　王名揚：《英國行政法》，北京：中國政法大學出版社 1987 年版，第 229 頁。

果；第二，調查以及評估受損人的損害情況以及與公權力行為之間存在的因果關係；第三，依照上一步驟結果提出相關補償方案，並聽取受損人的意見；第四，達成補償協定，如果無法達成合意，則由受損人提出行政覆議，在行政覆議後無法得到滿意結果的情況下，依照行政補償這一行政行為作為基礎，適用行政訴訟程序。

（三）完善社會監督機制

重大傳染病事件應急措施本身就是為了社會公眾的利益，而對於此種情況下的致損後果所進行的行政補償制度構建，應當在社會公眾監督下更好地發揮相關價值，提高行政補償品質。目前澳門特別行政區並未設立行政補償的相關監督機制，由於缺少監管主體，補償制度落實可能並不是非常嚴謹，特別是在緊急狀態下，受損人往往無法及時獲得相應的補償，因此應當讓監督機制起到一定的保障作用，比如司法監督、輿論監督以及群眾監督等。

法院通過審查行政主體補償標準和依據，監督補償行為，確保受損人的合法權益；輿論監督則是為了避免補償存在問題，進一步導致損害結果的擴大化；群眾監督則可以通過監督平台的設立，回饋補償程序與補償標準中存在的相關問題，確保補償信息、補償標準以及補償實施的公開公正。

同時，考慮到疫情非常態化的特殊性，群眾對於疫苗致損救濟狀況關注度也相對較高，因此應當確保對於接種異常反應後的行政補償實施狀況加以信息公開，不僅能夠有效滿足行政相對人及時瞭解信息的需要，提供便利化的社會監督途徑，還可以實現對補償的執行效果加以評價，發現問題及時整改，有效避免補償標準制度方面存在的空白。

澳門特區重大傳染病事件
應急徵用的補償標準研究

◇◇◇

一、應急徵用補償的實施背景

進入 21 世紀以來，澳門特別行政區發生了多起重大突發公共衛生事件，不斷影響著生活和社會的正常秩序。從 2003 年突發的傳染性非典型肺炎（SARS）疫情，到禽流感、豬流感，再到 2020 年初新型冠狀病毒席捲中國及其他國家，這些突發的公共衛生事件對於澳門特別行政區都是不小的挑戰。由於突發公共衛生事件的發生都具有突發性、緊迫性和不可預測性等特點，若不能及時有效地控制事態的發展，勢必會破壞社會的正常生活秩序，造成社會政治、經濟的紊亂。以 2020 年突發新型冠狀病毒疫情為例，政府為了面對突發情況，採取了一系列應急手段。而行政應急徵用便是眾多手段裏必不可少的一類。因為事發突然，為解決應急儲備物資不足，政府開始採取行政徵用措施，如徵用賓館、酒店、體育館、大型展覽館等大型場館和公共場所作為病房、隔離觀察點或醫務人員的休息場所；徵用人員如醫療人員、政府服務人員等共同應對新型冠狀病毒的防治。這些徵用手段，為新型冠狀病毒的防控提供了強有力保障。但在這過程當中暴露出許多法律問題。政府在實施徵用的同時，不可避免地會對公民的財產權增加一定的限制和損害。本著「無補償即無徵用，非經公正補償

不得徵用」[1] —— 即德國學者稱為「唇齒條款」的原則，公民在私有財產被應急徵用之後理應獲得相應的公正補償，徵用補償既是對行政相對人財產權的救濟，也是防止公權力濫用的一種監督手段。但現行法律中關於突發公共衛生事件領域內的應急徵用補償標準相關的法律規定，還處於較為模糊的狀態，缺乏一定的可操作性。在實踐中，應急徵用補償通常依照政策進行調整，存在一定的隨意性與不公正性的問題。故無法確保公民的私有財產在遭受損害時，能夠公平公正地得到相應的補償。因此，建立應急徵用補償標準機制，不僅有利於保護公民的私有財產權，而且能夠提升行政相對人面對行政徵用的配合度，提高徵用的效率，從而有效應對突發公共衛生事件。

通過搜索相關資料[2]發現，澳門特別行政區在疫情期間，尤其是正值農曆新年之時，許多在海外求學、就醫、工作等民眾，反映因隔離酒店不足，無法趕在農曆新年前完成隔離的情況。有議員向政府反映情況之後，迅速增開一間隔離酒店，但仍供不應求。筆者通過分析發現，在澳門設定隔離酒店的形式通常是行政徵購，而非行政徵用。行政徵購雖然可以做到雙方達成合意，但其協商的過程是極其漫長的，所以這在一定程度上影響了隔離酒店的設定，降低了政府的工作效率，也會進一步影響隔離的效果。所以通過行政徵購設置隔離酒店並沒有從根本上解決民眾對於隔離酒店的需求。而澳門特別行政區政府之所以通過行政徵購的方式與隔離酒店達成合意，而不是通過行政徵用 —— 這一略帶強制性的行政行為解決，是因為其背後的行政徵用補償問題未能擁有一致、統一的標準，致使在實踐中也存在很多困難。因此，本節從目前的實際出發，對突發公共衛生事件應急徵用補償現狀進行分析，並結合當前新冠疫情實踐中所出現的問題，提出我國在此領域內的實踐困境，並就如何在突發事件中實施應急徵用補償

1　參見陳新民：《德國公法學基礎理論（下）》，濟南：山東人民出版社 2001 年版，第 495 頁。

2　參見澳門特別行政區黃潔貞議員關於醫學觀察酒店措施的優化的書面質詢。

的標準與程序等問題，以及如何進一步健全我國的徵用補償機制進行探討。

應急徵用補償是應急徵用權的一種衍生行為，而應急徵用權是藉助國家公共權力，在應對突發事件時，政府介入並採取一些強制手段，重新調配社會資源，從而及時遏制住突發事件發展的一種有效權力，為儘快恢復和維持社會秩序起著非常重要的作用。然而，在此過程中，公權力和私權利難免會發生碰撞，公民的私有財產權等權利可能會遭到侵害，如何將公權力和私權利平衡好，這便是應急徵用制度建立的目的。首先，建立突發事件中的應急徵用補償制度可以為公民合法財產權益建起保護網。雖然突發事件過程中的應急徵用的目的是為了保護公共利益，但在此過程中可能會侵害到公民的私有財產權，使其造成一定程度上的減損。所以為了保護公民合法的財產權利，應在應急徵用之後，對於公民的權益減損的部分進行補償，以保障社會的公平正義。其次，應急徵用補償制度的建立是對行政主體恣意的控制和對行政主體行使應急徵用權力的制約。目前，現行的行政補償機制，通常遵循「誰徵用，誰補償」的原則。這相當於在行使權力時對行政主體進行規制，使行政主體在行使應急徵用權時，按照比例原則進行，使其知道自己不僅有權力，還有相應的義務進行履行，否則會有相應的後果進行承擔。通過完善突發事件應急徵用補償機制，可以在一定程度上限制公權力機關在行使應急徵用權過程中的行為，使其小心謹慎，防止其濫用權力，損害行政相對人的合法權益，為保障公民的合法權益奠定基礎。最後，為政府採取應急徵用行為提供正當性支撐。完善應急徵用補償制度，有利於政府行使應急徵用權時有法可依，為權力的行使提供一定的依據，確保其正當性。

二、應急徵用補償概念梳理與法律定位分析

（一）行政徵用的概念

在我國，《中華人民共和國憲法》中規定了「國家為了公共利益的需要，可以依照法律規定對公民的私有財產實行徵收或者徵用並給予補償」的內容，但卻沒有說明什麼是徵用。對於行政徵用的概念，理論界觀點不一。有的主張行政徵用是指在特定情形下，由公民、法人或者其他團體讓渡一定數額的金錢、財產或者其他利益，從而保障公眾的權益。[3] 有的學者認為，行政徵用是國家依照法律規定，為保護社會公眾的利益，對不動產、動產進行佔有，暫時取得使用權，並予以相應的補償。[4] 也有人提出，行政徵用是指行政機關在一定情況下，根據法律規定的職權和程序，對公民的勞動、財產的使用權暫時性地剝奪，並予以適當的補償的一種具體行政行為。但無論是哪種看法，行政徵用的概念概括起來主要有以下幾個方面：第一，行政徵用必須由特定的行政主體來行使，這是一種公權力對私權利進行限制的具體的行政行為。第二，行政徵用行為的實施要有明確的目的，也就是說，行政主體只能出於公眾的利益而進行徵用。第三，行政徵用的程序和實體需要嚴格進行，依法行政。第四，行政徵用具有補償性，行政徵用在一定程度上對公民、法人、其他組織的財產權造成損害後，行政主體應依法給予適當的補償，以保障公民的合法權利。[5]

綜上所述，筆者認為行政徵用是為了公共利益的需要，行政主體依法對行政相對人的勞務或財產權的使用權暫時性剝奪，導致其權利受到限制，並之後進行一定合理補償的一種具體行政行為。

3　參見林鴻潮：〈應急徵用和應急徵購〉，《中國應急管理報》2020 年 9 月 4 日，第 007 版。

4　參見王紅建、劉輝：〈應急徵用制度完善研究〉，《河南財經政法大學學報》2020 年第 35 卷第 1 期，第 20-28 頁。

5　參見程浩：〈行政徵用制度探析〉，《當代法學》2001 年第 4 期。

（二）行政徵用與行政徵購的區別

行政徵購是行政主體為了達到法律目的而以合同形式購買公民、法人或者其他組織的商品或者服務的具體行政行為[6]，即行政主體與行政相對人採取合同形式徵購其生產的產品的行政行為。行政徵購制度是我國計劃經濟時期最早採用的一種行政手段，但在社會轉型過程中，這種形式逐步被行政合同所取代。行政徵購屬於特殊的買賣行為，買方通常是行使公權力的行政機關，而賣方則是行政相對人，其買賣雙方的地位並非像民事合同的訂立主體地位平等，但行政徵購也是行政主體應對突發事件的一種有效手段。而行政徵購和行政徵用之間的區別主要體現在以下方面：（1）二者的行為性質不同。行政徵用體現出了更大的強制性，當事人必須遵守政府的行政徵用決策，通常不能向其提出異議，也不能請求協商。而行政徵購行為雖然也是一種具有強制性質的行政行為，但畢竟是通過訂立合同的方式進行的一種行政行為，其具有一定的合意性，雙方可以進行協商。（2）二者產生的法律效果不同。行政徵購是以買賣的形式轉移行政相對人的財產所有權，而行政徵用則是暫時將徵用財產使用權進行轉移。（3）二者的補償標準不同。行政徵用雖然有補償，但不一定等價，這是由突發事件的特點導致的；而行政徵購則一般為等價有償，通常是採取市場價格進行給付。

此外，二者也在某種程度上存在相同點。在行政徵購中，買賣雙方處於不完全對等的狀態，買方往往是政府機構，而賣家則是行政相對人。但也正是運用了不平等的地位，行政機關可以單方決定行政徵購關係的成立、變更或解除，在某些緊急情況下，也可以體現出國家的強制性。所以糾其本質，行政徵用和行政徵購十分相似。但實踐中，行政徵購需要花費一定時間使雙方達成合意，這樣不僅會降低政

6　參見葉必豐：《行政法學》，武漢：武漢大學出版社 2003 年版，第 232 頁。

府工作的效率，還不能從根本上解決現實當中存在的實際問題。所以在突發事件中，為了快速調配各類資源的最佳方式仍應是行政徵用。

（三）行政應急徵用概念

行政應急徵用屬於行政徵用的一種特殊情形，是為了處置突發事件而進行的，其是指相關行政主體為了應對突發事件，保護公共利益，緊急地徵用單位和個人的財產使用權或勞務，事後依據被徵用人請求或依職權，給予其適當補償，以便盡快消除危險、恢復正常社會秩序的具體行政行為。[7] 在波及範圍廣和傳播速度快等特性的共同影響下，突發公共衛生事件相較於其他類型的突發事件，需要應急徵用主體更加及時地作出回應，才可第一時間阻止疫情的蔓延。

一般的行政徵用是指在正常情況下，行政主體根據法律、法規的規定，為維護社會公眾的利益，強制取得行政相對人的財產使用權或勞務，並予以相應的補償。一般行政徵用與應急徵用相比較，主要不同點如下：（1）兩者適用的前提不同。應急徵用適用於法定的突發事件，因突發事件具有緊急性，突然性等特點，國家需要盡快解決突發事件，恢復正常的社會秩序，因此應急徵用往往存在的期間十分短暫。而一般行政徵用發生於常態化下，是由國家出於對公共利益的保護而採取的一種行政手段，兩者雖都是為了保護公共利益，但一般行政徵用並不以應急之需。因此，一般行政徵用存在時間較長，適用的範圍相對於應急徵用而言更加廣泛。（2）兩者實施過程中，行政主體所具有的自由裁量的大小是不一樣的。在一般的行政徵用中，政府的裁量權比較小。因為在一般情況下，行政主體以公益為目的而進行行政徵用，對其進行界定時，必須嚴格依照法律規定，不得以主觀判斷為準，因此，並沒有賦予行政主體較多的自由裁量空間。而應急徵用

7　參見何曉魯：〈我國突發事件應對中行政徵用制度探究〉，《大連理工大學學報（社會科學版）》2020 年第 6 期。

則不同，由於應急徵用的前提條件是突發事件，而突發事件本身又具有一定的不確定性，所以要在最短的時間內得到解決，這就需要賦予行政主體比以前更大的自由裁量權，以提高處理突發事件的效率，使社會的秩序能夠儘快恢復，從而保障社會公眾的利益。（3）二者所適用的程序不同。通常情況下，行政徵用具有一系列法定程序，包括事前調查、事中執行、事後補償，嚴格依法行政，以限制其行使。但應急徵用則不同，它具有緊急性質，這就要求徵用必須迅速有效，在這個時候，達成目標相較於與程序完整更加重要，所以可以採用與普通徵用程序不同的特殊程序，例如徵用手續可以簡化，可以先行徵用，有些手續可以在事後補上等。

（四）應急徵用與補償的關係

上文中，將一般行政徵用與應急徵用進行了簡單的對比。在對比中，二者首先最大的區別便是適用前提不同。應急徵用，顧名思義，通常是適用於突發事件，國家為了儘快解決突發事件，恢復正常的社會秩序，所以其在此時更加追求效率。通過上文中行政徵購與行政徵用的對比中，也可簡單瞭解到，行政徵購的整個過程較長，不具有效率高的特點，所以在突發事件中，採取應急徵用更加穩妥。而在應急徵用的過程中對私人財產會在一定程度上進行剝奪與限制，所以應對私人給予充分、公平的補償，保障私人財產權。[8] 徵用與補償通常被認為是「唇齒條款」，二者不可分離，有徵用便有補償。但通過我國現有立法分析，補償的標準過於籠統、簡單、操作性不強，應急徵用的補償標準問題會直接影響應急徵用的效果。所以，建立切實可行的應急徵用補償標準，勢在必行。

8　參見沈開舉：《徵收、徵用與補償》，北京：法律出版社 2006 年版，第 85、86 頁。

（五）澳門突發公共衛生事件的應急徵用補償制度介紹

應急徵用補償制度的法律法規隨著我國重大傳染病事件的發生而不斷完善。目前，澳門特別行政區已有多部法律都對應急徵用補償問題作出了規定。在本節的研究中，採用羅列的方式，將對應急徵用補償的具體法律規定進行討論分析。

澳門特別行政區第 12/92/M 號法律《因公益而徵用的制度》第 1 條第 2 款規定，不動產及其當然權利，透過合理賠償的款項，可因公益而被徵用。第 2 條第 1 款規定，在不妨礙下款規定，經試盡以私法途徑取得的可能後，方可行使徵用。該條文規定了澳門特別行政區擁有行使徵用的權力。而徵用也被分成兩類，一類是因公共利益而被徵用，而另一類是私人以私法途徑取得。該法第 3 條規定，「當因公共災難或內部保安促使下，總督或由其指定的公共實體為著公益的需要可立即取得有關財產而毋需任何手續，只按一般規定賠償與有關人士」。該條文規定了應對突發事件時，要行使徵用的程序。該法第 6 條規定，倘判給三年後，被徵用的財產不用於導致徵用的目的，以及倘已終止用於為該目的時，則有索還權，但不妨礙下款規定。即表明徵用只是暫時地剝奪被徵用的財產權的使用權，未剝奪其所有權。

該法第 18 條中提及有關補償標準的相關規定：一、任何財產或權利因公益而被徵用時，賦予被徵用事物的擁有人收取合理賠償而同時支付的權利。二、合理的賠償並非因令徵用者得益而是基於被徵用事物的擁有人的損失作補償，該項補償是按被徵用事物的價值計算，同時要考慮公益聲明當日所存在事實的情況和條件。三、為訂定徵用財物的價值，不能考慮公用聲明中被徵用樓宇所處地區內所有樓宇的增值。第 19 條（「徵用財產價值的訂定」）規定，被徵用財產的價值是以協議、仲裁或司法決定而訂定。第 20 條（「賠償金額的計算」）規定，賠償金額是以公益聲明當日作為指引以計算，而按不計居屋部分的消費者物價指數的進展，在程序的最後決定時作出調整。以上法

律規定了徵用者在徵用過後，應給予被徵用人一定的補償，而補償標準雖在條文中略有說明，但太過模糊，在實踐中效果不盡人意。也正因如此，其使行政主體在進行補償計算時，獲得了更大的自由裁量空間，導致有時未能公平地對受侵害的權利進行補償。

澳門特別行政區第 31/2020 號行政法規《民防法律制度施行細則》第 28 條第 1 款規定了，行政長官或依法獲授權的實體可採取第 11/2020 號法律[9]第 19 條第 1 款第（四）項所指的臨時徵用的例外性措施。第 19 條還規定了其他措施：「（三）根據八月十七日第 12/92/M 號法律《因公益而徵用的制度》的規定作出行政佔有及徵收不動產；（四）臨時徵用對聯合行動屬於必要的任何動產、不動產或勞務，但涉及所有人或使用人日常生活需要者除外。」

綜上可以看出，現行法律中對於應急行政補償標準的規定過於模糊，且缺乏可操作性。這也是導致在現實當中，應急徵用之後給予被徵用人的補償標準無法統一的關鍵所在，也是澳門政府在設定隔離酒店時採取行政徵購而不是行政徵用的原因。

三、澳門重大傳染病事件應急徵用的補償標準理論學說

（一）理論前述

本節以酒店為徵用對象，進行重大傳染病事件中應急補償標準的討論。而研究應急徵用補償標準的前提是需要確定財產的損失範圍。通過閱讀現有報導、文獻及調查數據後發現，疫情防控期間，酒

9　澳門特別行政區第 11/2020 號法律《民防法律制度》第 19 條規定：「一、宣佈進入第八條所指的即時預防或更高級別狀態時，行政長官在不影響必要原則、適當原則及適度原則下，有權採取下列旨在保障正常生活條件的例外性措施：……（三）根據八月十七日第 12/92/M 號法律《因公益而徵用的制度》的規定作出行政佔有及徵收不動產；（四）臨時徵用對聯合行動屬於必要的任何動產、不動產或勞務，但涉及所有人或使用人日常生活需要者除外；……」

店被徵用為隔離點後，其可能會導致以下損失：[10]1. 賓館改造費用。通常被徵用為隔離酒店之後，會按照相應的標準進行一定的改造，以合適徵用之用。在徵用結束以後，被改造的酒店還要再改造回徵用前的狀態，而通常徵用結束之後，改造回原樣的費用算一定的損失。2. 徵用期間的損害，徵用財產的使用者有義務維護所徵用的房屋及其財物的完整性和功能性，所徵用物品在受損後如無法及時恢復原狀或者喪失使用功能甚至無法歸還的，以及徵用行為給被徵用人造成的其他損失，均應根據實際情況給予合理補償。3. 在隔離酒店的工作人員的相關費用。如在隔離酒店工作，一般是要閉環管理，吃住均應在酒店進行。4. 為完成徵用任務而購買的物資設備。如通常隔離酒店工作人員身穿的防護服、防護用具、消毒所用的酒精等。5. 事前及事後的影響。事前影響是指接到徵用通知後酒店對已入住或已預定客房的客人進行清退的損失；事後影響是指由於疾病的傳染性極強，被徵用之後用作醫務人員休息或者隔離有關人員的場所，在徵用結束之後，可能會影響到賓館入住率。上述前四項是被徵用人因為徵用行為而支出的費用，屬於直接損失，而第五項實質上是屬於間接的損失。在實踐中，針對補償標準，學界也有著不同的理論學說。如楊建順認為徵用要求對財產的所有損失進行補償，也就是對徵用財產的一般市價進行補償。[11] 劉東生認為應急徵用補償要按照市場上的公平價值補償。[12] 王名揚主張徵用補償要遵循公平的原則，既要求對被徵用物的所有者及其他權利人的全部損失進行補償，同時也不能超過他們的損失而得到更多的補償。[13] 本文結合現有的補償標準理論學說，提出三種學說進行一定的討論與分析。

10　參見韓大元、莫于川：《應急法制論：突發事件應對機制的法律問題研究》，北京：法律出版社 2005 年版，第 403 頁。

11　參見楊建順：《日本行政法通論》，北京：法律出版社 1998 年版。

12　參見劉東生：〈行政徵用制度初探〉，《行政法學研究》2000 年第 5 期，第 13-15 頁。

13　參見王名揚：《法國行政法》，北京：中國政法大學出版社 1988 年版。

（二）行政不完全補償說

行政徵用不完全補償說，即只補償直接損失，未將間接損失納入補償範圍之中。該學說從公共利益出發，認為其徵用的目的是為了保護公共利益免受更大的侵害。而當公共利益與私人利益產生衝突時，應優先保護公共利益。西塞羅認為「公益優於私益」，即公共利益是由多數人組成的集體利益，其地位必然高於個人利益。但是筆者認為相對於個體利益，公眾利益未必就必然優先。「公共利益並不能隨意地對個體的基本權利進行優先和排除」，為了較小的公共利益而侵犯了重要的私人利益，這與社會公正原則是不一致的。在正當合理的補償制度下，政府不能無償獲得私人財產，因此，政府應審慎地權衡因限制私權而保護的公共利益與為限權而付出補償的大小之間的關係，通過這種「利益權衡」來嚴肅作出決策，從而達到對個人權利「最小侵害」的效果。

支持此種觀點的學者從私人財產負有社會義務的角度進行分析。財產權具有社會屬性，為了維護社會正義，私有財產權人就其所有的財產理應承擔一定份額的社會義務，所以在某種程度上會限制財產權的行使。在個人主張其財產自由的同時，他們的財產也應該為社會公眾福利的實現作出貢獻。魏瑪憲法第 153 條第 3 款中直接規定了財產權有社會義務，其規定：「所有權負有義務，財產權的行使要以公共福祉為目的。」故其在此基礎上進行理解，認為私人財產權都有承擔社會的義務，如若是在應急徵用過程中，承擔義務之內所造成的損害，則無需向行政主體申請行政補償。而在美國認為，任何對徵用的財產權利構成一定程度上的干預都需要加以補償；但對僅僅由於管理造成的損失則不必加以補償，因為其被認為是維護一個國家的秩序必然要付出的成本，而這些成本是全體市民都要承擔的。

所以，該學說認為財產權人所獲得的最終補償中應該扣除財產所有人理應承擔的社會義務部分的損失，即上述提到的只補償直接損

失，而間接損失為自身應承擔的社會義務，無需補償。但這種理論對於被徵用人的權利而言，可能會造成二次傷害。因該理論所提出的補償標準是站在公共利益角度出發，而不是從被徵用人的立場出發，這就會導致無論何種情況下，被徵用人都必然面臨一定程度的犧牲。因應急徵用具有強制性等特點，故在該過程中，徵用人和被徵用人在法律關係裏本身地位就不平等，在此過程中被徵用人的權益受到損害，理應作出有利於被徵用人的決定，給予其較多的補償。且若採取不完全補償學說的補償標準，在補償過程中，行政主體的責任似乎被削弱，那麼其是否會導致，由於徵用成本較低，後續出現濫用權力的現象呢？所以這也是在現實中，隔離酒店經常供不應求的原因。許多隔離酒店對該種補償方式持否定態度，這樣也會導致政府進行行政徵用時效率降低。綜上，行政不完全補償說認為，財產權具有社會義務，為了公共利益的需要和社會福祉，應積極承擔相應的義務，而這是自身應承擔的，無需進行申請補償，故行政主體在此期間，只補償直接損失。但其也會使私人財產的保護力下降，且使行政主體的徵用成本較低，發生濫用權力的行為。

（三）行政完全補償說

行政完全補償學說，即在行使應急徵用權之後，對於被徵用人造成的直接損失和間接損失都予以補償。該學說從德國行政法學之父奧托・麥耶（Otto Mayer）所提出的「特別犧牲說」和「公民的私人財產不受侵犯」的綜合角度進行設立，認為國家雖然天然享有對人民行使權力的資格，人民有服從國家權力的義務，但公民的私人財產具有自己的支配性，若在服從國家權力的義務時，造成私人財產受到一定程度的損害，即如果某些人承擔了超過一般意義上的義務而受到特

別犧牲時，為了維持公正，政府應當給予補償。[14] 所以在該學說上，不僅從公共利益出發，而且站在被徵用人的角度考慮，將因為徵用所造成的全部損害，都應由國家進行承擔，即補償行政相對人的直接損失和間接損失。

支持該理論的人還從個別處分理論進行闡述。個別處分理論認為徵用是對「特定個人、或是確定的及可得確定的一群個人」[15] 財產權利的侵犯，因此徵用必定是個案、特別的情況；反之，如果一個法律規定在某些情形中，使人們的財產權負有一定的責任，即其規定的財產權利遭到了侵害，那麼，這種侵犯便是屬於一般性條款，是一種「財產權的社會義務性」，而非徵用。徵用實質上是侵犯了公民權利的憲法保證，損害了公民的財產權利，並以犧牲少數公民的權利換取社會福利。所以行政主體在進行應急措施 —— 行政徵用時，損害公民的私權利，應對其造成財產權的限制進行一定的補償，且對於超出公民承擔的財產權的社會義務以外的損失，也要進行一定的救濟，即不僅要對其直接損失進行補償，也要對其間接損失進行救濟。

從公共利益的角度來看，雖然法律上對財產的合法「侵害」已逐步被容許，但其本質上可以分成兩類：一類是一般的、概括性的限制某種財產權，即其認為財產權具有某種社會義務，人們有責任忍受它，故不必索取補償；第二類侵害是對個人財產的「個別的、特別的」侵犯，它對人們而言是一種不尋常的和不可預測的，因而給人們造成了特殊負擔或特殊犧牲。儘管這樣的特殊負擔或特殊犧牲都是為了公共利益而必需的，但是公共利益是所有人都能享用的，卻只有幾個人為此而做出了犧牲，顯然與公平原則相抵觸，所以理應由全體公民來承擔。所以在進行行政徵用時，對私人財產權造成損害時，應進

14　參見蔡宣：〈我國行政徵用補償制度有待完善〉，《今日中國論壇》2009 年第 4 期。

15　參見陳新民：〈憲法財產權保障之體系與公益徵收之概念〉，載陳新民：《憲法毯本權利之基本理論》，台北：三民書局 1990 年版，第 327 頁。

行完全補償，即對其直接損失和間接損失進行補償。我國台灣地區針對這一問題，在「土地徵收條例」中明確指出，以徵收公告當期土地價值對被徵收土地給予補償，必要時得加成補償，但其並未詳細記載額外的補償數額。美國法中也只是簡單地給出了加成補償的概念，但至於補償的具體金額，則是含糊其辭。美國的一些專家通過建模發現，徵用對財產權人幸福的平均損害程度是財產價值的 25%。美國有些州政府把房屋徵用後的補償價定為被徵用財產價值的 125%。當然，也有些州會根據業主擁有被徵用不動產的年限，逐年增加補償比例，最高達到 150%。這裏面提及的加成損失，其實便是該學說所說的間接損失。雖然在美國許多學者認為這樣的補償方式缺少一定的正當性，但在實踐中，美國的許多州還是流行著這樣的做法，「多補總比少補好」，這是財產權人的共識，也是為什麼「加成補償」會被認可的一個主要因素。

　　但是該理論中對於間接損失的補償存在一定的模糊。如針對酒店應急徵用補償的間接損失中，通常指的是因為徵用行為而衍生出來的附隨損失，比如前期指接到徵用通知後酒店對已入住或已預定客房的客人進行清退的損失，後期是指由於疾病的傳染性極強，被徵用作醫務人員休息或者隔離有關人員的場所，在徵用結束後一定期間可能會影響到賓館入住率。這樣的損失在具體實踐中應如何計算，值得商討。對於行政相對人來說，他們的期望得到的補償是越多越好，所以在該方面沒有具體限度；而對於行政主體而言，在實際計算間接方面的具體損失時，沒有確切的可操作的計算形式，如事後由於做過徵用酒店之後，影響一定的入住率，那具體是比之前下降了多少，且以什麼價格進行計算？這都存在一定的爭議。

（四）行政額外補償說

　　行政額外補償學說是指在補償被徵用人全部損失，即直接損失

和間接損失以外，還應額外給予行政相對人一定的補償。額外補償的部分也可理解為獎勵其配合徵用工作，或者說為鼓勵之用。該學說的補償範圍相較於前兩種來說更廣。其在已經將造成的損害進行補償外，額外再多支付一部分費用給予被徵用人。支持該學說的學者認為，應急徵用的目的是保護公共利益，其受益的也應為公眾，此時被徵用人的財產造成損失時，理應得到一定的補償，並為了提高被徵用人的配合度，額外支出一定費用給被徵用人。且當在財產被緊急徵用時，財產所有者雖然應當承受其損害，但是對於由此造成的損害，應當予以全額補償。額外支付的補償學說的提出也是因為，酒店通常是盈利性場所，如若不徵用，其可能在此期間是呈現盈利狀態，而徵用行為可能給酒店帶來了一定的影響，且該種補償方式也有著激勵、獎勵的意圖在內，即提升酒店的配合度，提高行政徵收的效率。

但是該學說的補償標準，也存在著許多有爭議的地方。由於該種學說的補償範圍极其廣泛，使得國家在徵用時，往往需要支付巨額的補償費用，給國家財政帶來極大負擔，不利於應急徵用行為的順利展開。還可能會導致政府濫用職權，與公民私下串通，通過該種方式謀取利益。並且這種額外補償部分的正當性存疑。比如針對額外補償費用如何確定，被損害的財產價值的大小會影響額外補償的計算麼？酒店的配合程度也會對額外補償的計算產生一定的影響麼？所以這一系列的問題都會影響行政徵用額外補償學說的合理性。

（五）小結

在前文中圍繞著徵用補償標準進行了三種理論學說的闡述和分析，而筆者主張應急徵用酒店的補償標準可選擇行政完全補償學說，且以實際徵用之日的房價的市場價值為基準，再此基礎上補償其直接損失及其他間接損失。應急徵用補償的過程不僅直接關係到公共利益，同時也會導致私人利益受到不同程度的損失，且需要財產權人的

充分配合才能夠更好地實現徵用目的，所以我們要在徵用補償標準制定的過程中，找到二者之間的平衡點，在保證被徵用者合法權益的基礎上，合理行使行政徵用，維護公眾利益。之所以選擇行政完全補償說，是從補償成本效益均衡的角度開展研究和討論。在社會經濟生活中，政府時常通過發揮其經濟職能而開展調控活動，所以政府在徵用補償標準的制定過程中就不能簡單地考慮成本收益的問題，而要充分考慮各個方面的利益訴求，重視經濟效益的同時也要兼顧公平，考慮補償制度的社會效益。保障公民的財產權益以促進被徵用人積極參與和配合疫情防控工作，及時彌補他們因為疫情徵用所蒙受的損失，這是我們補償政策制定過程中所必須重點考慮的問題。所以以行政完全補償學說為標準進行補償，即以徵用時疫區酒店的市場價格為標準，同時對附隨效果產生的間接損失進行補償，更加合理。如果採用行政不完全補償說理論對被徵用酒店進行補償，可能沒有充分保障被徵用酒店的財產權益，使被徵用酒店的主動配合度下降，影響整體防疫的效率；而若採用行政額外補償說進行徵用補償時，雖然可以在一定程度提高酒店的配合度，但對於政府的財政支出方面造成較大的負擔，且其中的標準若不明確時，極易造成公私串通的結果發生。所以綜合考慮，在突發公共衛生事件時，採取行政完全補償學說較為穩妥。行政完全補償學說在以市場價值為基礎上，針對酒店因為被徵用所產生的直接損失和附隨損失即間接損失進行補償，這種補償學說一方面提高政府進行徵用時的工作效率，相對於與只補償直接損失而言，有更多的補償，可以提升被徵用人的配合度，以較快速度達到徵用的目的，另一方面也可以將其財產損失因被徵用的原因降到最小，在較大程度上保護公民的私人財產權。

四、完善澳門重大傳染病事件應急徵用的補償標準建議

（一）設立第三方補償標準鑒定機構

在前文中進行了相應的理論學說論述，其在行政徵用補償中對於損失的認定至關重要，它的判定和評價的公正性直接影響到補償標準的公平性和合理性，也可能會直接影響到徵用的最後效果，所以要實現對徵用補償損害的認定和評價，就必須建立徵用補償的鑒定和評估機制。公平、中立、客觀的評估機構對於損失的認定也有不可替代的重要性。

通過分析美國、日本、德國等國家在對於應急徵用補償標準的損失認定的方式，並結合澳門的實際情況，筆者發現，為了使損失認定更加公平、科學，資產損失評估要以市場為導向。[16] 法律上的損失補償關係到被補償人的切身利益，因此，必須要嚴肅進行。資產損失的評估，應由一家中立性的估價公司進行，而該種機構不能隸屬於政府管理，並且應該存在多個不同的機構，讓市民和團體自由選擇。最合理的做法是，由徵用人與被徵用人聯合選定並委託一家獨立的市場評估機構進行，這樣才能使損害範圍的判定結果更加客觀、公正。為了保證損害評估的公平性，在損害評估的過程中，評估單位應當召開公眾聽證會，由補償責任單位和被徵用人代表共同參與，並充分聽取各方的意見，作出適當的評估結果。由此產生的損失評估費用，應由補償責任主體進行承擔。如果補償責任機構或申請補償權利人認為，損失的估價太高或太低，則兩方均有重新進行再一次估價的權利，且兩次評估應由不同評估機構作出。申請重新評定所需的評估費用，原則上由申請人承擔。這其中的許多具體的操作細則還有待斟酌，但無論怎樣，筆者認為，現行的損害評估制度要進行市場化，這樣才能更

16　參見〈四成住戶不「拆遷」就開聽證會〉，《中國青年報》2004 年 4 月 6 日。

好地保障公權力和私權利行使。

（二）將間接損失納入應急徵用補償範圍

行政補償的範圍首先取決於對行政補償的界定。當前，對應急徵用補償標準的探討，首先是對徵用補償的範圍進行探討。按照學界普遍觀點，行政補償的範圍主要包括：1.財產權特別犧牲補償。可分為（1）公用徵收補償；（2）財產權限制的特別犧牲補償；（3）應急徵用行為所附隨致損的補償。2.非財產權利的損失補償。可分為（1）非財產權的特別犧牲補償；（2）公權力附隨效果的特別犧牲補償。在我國現行應急徵用立法和突發事件應對實踐中，其補償的範圍僅限於財產特別犧牲補償中的公用徵收補償，而對於財產權限制的特別犧牲補償和應急徵用行為所附隨致損的補償則鮮有提及。相比之下，美國的應急徵用補償實行財產補償公平合理的原則，以土地的徵用補償為例，土地徵用補償要根據徵用前的市價進行確定，不僅要對徵用土地的現有價值進行補償，而且還要考慮補償土地可預期的和可預見的未來價值，在土地徵用補償時，也必須考慮到因徵用而導致的鄰近土地所有者在經營上的損失。由此可知，在美國的徵用補償範圍較廣，其對被徵用人的補償也較為充分。這樣可以較大程度地保障公民的基本權利。

如前文所述，應急徵用通常是出於保護公眾利益而對財產權進行一定的侵害。但筆者認為，即使出於維護公眾利益的需要，必須對私有財產進行限制、剝奪，但在造成特別犧牲時，也要確保其獲得公平、合理的賠償。只有如此，公民的財產權利才能得到保護，被徵用人才能更好地配合政府，履行自己的社會義務，為社會作出特別的犧牲。因此，我們應當擴大對應急徵用補償範圍的解釋，將財產權限制所造成的特別犧牲補償和應急徵用行為所附隨致損的補償，即前文描述的間接損失，也一併納入行政補償的體系。而至於非財產權利的損

失補償則可以視具體情況，有選擇地將其納入到行政補償的體系中。此外，政府在擴大應急徵用補償範圍的同時，還應進一步提高補償數額。補償數額是補償公平與否的一個重要體現。首先，「公平補償」是補償制度的基本原則，其可以有效地約束政府的行政權力，防止政府濫用職權，並對政府的緊急徵用進行規範，以確保被徵用人得到合理的補償。其次，要轉變政府補償數額的確定方式，即由徵用主體單方面決定的補償模式向由政府與被徵用人雙方協商確定的模式轉變。最後，在政府應急徵用補償程序中，提高當事人的參與程度。只有處於陽光下的權力，才能更好地防止貪污。政府也應在此基礎上，公開有關補償的信息，並保障相關各方的權利，以保證雙方信息和權利的對稱，避免只是形式化地將當事人參與其中。只有補償程序是公正的，補償數額才能真正合理。所以，應將間接損失納入應急徵用補償範圍，並提高補償數額，以便更大限度地保障公民的財產權益。

策劃編輯	蘇健偉	
責任編輯	蘇健偉	
書籍設計	道 轍	
書籍排版	楊 錄	

港 澳 制 度 研 究 叢 書

主　　編　　鄒平學

書　　名　　**澳門特別行政區重大傳染病事件行政應急權制度研究**

著　　者　　周　挺　邱奕霖

出　　版　　三聯書店（香港）有限公司

　　　　　　香港北角英皇道 499 號北角工業大廈 20 樓

　　　　　　Joint Publishing (H.K.) Co., Ltd.

　　　　　　20/F., North Point Industrial Building,

　　　　　　499 King's Road, North Point, Hong Kong

香港發行　　香港聯合書刊物流有限公司

　　　　　　香港新界荃灣德士古道 220-248 號 16 樓

印　　刷　　美雅印刷製本有限公司

　　　　　　香港九龍觀塘榮業街 6 號 4 樓 A 室

版　　次　　2023 年 8 月香港第一版第一次印刷

規　　格　　16 開（170 mm × 240 mm）216 面

國際書號　　ISBN　978-962-04-5354-0

© 2023 Joint Publishing (H.K.) Co., Ltd.

Published & Printed in Hong Kong, China